# PELL
## CONTRA MUNDUM

connorcourt
PUBLISHING

Published in 2023 by Connor Court Publishing Pty Ltd.

Connor Court Publishing Pty Ltd.
PO Box 7257
Redland Bay QLD 4165
sales@connorcourt.com
www.connorcourt.com

ISBN: 9781922815743 (paperback), 9781922815750 (hardback)

Cover Design by Ian James

Cover photo, Cardinal Pell speaking at Campion College. Photo used with
permission of Campion College, Toongabbie.

Printed in Australia.

# Contents

# Editor's note

The unexpected death of George Cardinal Pell devastated virtually the entire Catholic world, and indeed many outside it. The Cardinal's larger than life personality, his clear and convivial articulation of Catholic belief, and his decency in encounters with interlocutors deepened, for many, the pain of his loss.

In the days following his entrance into eternity, coming as it did so abruptly, and at a time of dizzying debates within the Church, some of his friends who share the Cardinal's concerns about the confusion of too many of his brothers, became all the more committed to bring others into that conversation.

This book, then, is an effort to ensure that the thoughts, and especially the concerns and warnings, of a man who spent the entirety of his life in faithful service to a precious legacy entrusted by Christ to his chosen disciples and bequeathed to his Church for the ages, and personally suffered for that legacy, remain a part of ongoing debates and discussions. The c ore s elf-understanding of the Church's identity, structure, and belief has since faced dissent, ridicule and opposition in moments of great crisis not too dissimilar to what she faces today. Through it all, the ancient, yet ever new faith of millions has repeatedly calmed confusion because men and women of conviction rose to the occasion to offer "a reason for the hope" (1 Peter 3:15) of what they hold to be true and vital.

We are convinced George Pell stands in that line of noble confessors to the Faith, and it is our hope that this small contribution — offered at a critical moment — helps ensure that he is not forgotten now, nor ever.

\* \* \*

# Nota della redazione

La morte inaspettata del cardinale George Pell ha sconvolto il mondo cattolico nonché molte persone al di là della Chiesa. La sua grande personalità, la sua articolazione chiara e accogliente del credo cattolico e la sua gentilezza negli incontri con gli altri, hanno reso per molti ancora più profondo il dolore per la sua scomparsa.

Nei giorni successivi al suo ingresso nell'eternità, giunto così all'improvviso e in un momento di dibattiti vertiginosi all'interno della Chiesa, alcuni dei suoi amici, che condividono le preoccupazioni del cardinale per la confusione, si sono ancor più impegnati a coinvolgere altri nella discussione iniziata dal cardinale Pell.

Questo libro è uno sforzo per far sì che i pensieri e soprattutto le preoccupazioni e gli avvertimenti di un uomo che ha dedicato tutta la sua vita al servizio fedele della preziosa eredità affidata da Cristo ai suoi discepoli e trasmessa alla sua Chiesa attraverso i secoli, e di colui che ha sofferto personalmente per questa eredità, rimangano parte dei dibattiti e delle discussioni attuali.

Da qui in poi, l'autocomprensione più basilare dell'identità, della struttura e della fede della Chiesa ha dovuto affrontare dissenso, ridicolizzazione e resistenza in momenti di profonde crisi che, in sostanza, non differiscono molto da quelle che deve affrontare attualmente. In tutti questi momenti, la fede antica, ma sempre nuova, di milioni di persone ha più volte calmato i turbamenti perché uomini e donne di integrità si sono dimostrati all'altezza della situazione offrendo una "ragione della speranza" (1 Pietro 3,15) di ciò che ritenevano vero e fondamentale.

Siamo convinti che il cardinale George Pell si collochi in quella schiera di nobili confessori della Fede e ci auguriamo che questo piccolo contributo – offerto in un momento particolarmente significativo – contribuisca a garantire che egli non venga dimenticato né ora né mai.

* * *

## Nota del editor

La inesperada muerte del cardenal George Pell devastó prácticamente a todo el mundo católico e incluso a muchos fuera de él. La personalidad imponente del cardenal, su articulación clara y amigable de la fe católica y su decencia en los encuentros con interlocutores ahondaron, para muchos, el dolor de su pérdida.

En los días que siguieron a su entrada en la eternidad, que

ocurrió de manera tan abrupta y en un momento de debates vertiginosos dentro de la Iglesia, algunos de sus amigos, que comparten las preocupaciones del cardenal sobre la confusión que padecen muchos de sus hermanos, se comprometieron aún más en llevar a otros a esa conversación.

Este libro, por tanto, es un esfuerzo por amplificar los pensamientos y, especialmente, las advertencias de un hombre, que dedicó toda su vida al servicio fiel de un legado precioso confiado por Cristo a sus discípulos elegidos y legado a su Iglesia por el resto de los días. La autocomprensión fundamental de la identidad, la estructura y la fe de la Iglesia se ha enfrentado desde los inicios a la burla y los embates, en tiempos de grandes crisis, no muy diferentes de los que afronta en la actualidad. A través de todo ello, la fe antigua pero siempre nueva de millones de personas ha vencido la confusión, porque hombres y mujeres de convicción se pusieron a la altura de las circunstancias para ofrecer "una razón para la esperanza" (1 Pedro 3, 15) de lo que consideran verdadero.

Estamos convencidos de que George Pell se encuentra en esa línea de nobles confesores de la fe, y esperamos que esta pequeña contribución, ofrecida en un momento crítico, ayude a garantizar que su figura no sea olvidada.

* * *

## Note de l'éditeur

La mort inattendue du cardinal George Pell a dévasté la quasi-totalité du monde catholique, et bien au-delà. La personnalité hors du commun du cardinal, sa formulation claire et conviviale de la foi catholique et sa bienséance dans les rencontres avec ses interlocuteurs ont intensifié, pour beaucoup, la douleur de sa perte. Dans les jours qui suivirent son entrée dans l'éternité, si brutale qu'elle fût, et à une époque de débats vertigineux au sein de l'Église, certains de ses amis, qui partagent les inquiétudes du cardinal devinrent d'autant plus engagés à faire participer d'autres personnes à cette discussion.

Ce livre résulte donc d'une volonté de faire en sorte que les pensées, et surtout les préoccupations et les avertissements d'un homme qui a consacré toute sa vie au fidèle service d'un précieux héritage confié par le Christ à ses disciples choisis et légué à son Église à travers les âges, et personnellement souffert pour cet héritage, fassent toujours partie des débats et des discussions en cours. La compréhension fondamentale de l'identité, de la structure et de la foi de l'Église a depuis été confrontée à la dissidence, au ridicule et à l'opposition dans des moments de grande crise peu différents de ce à quoi elle est confrontée aujourd'hui. À travers tout cela, la foi ancienne, mais toujours nouvelle, de millions de personnes a calmé à plusieurs reprises la confusion parce que des hommes et des femmes de conviction ont saisi l'occasion d'offrir « une raison de l'espérance » (1 Pierre 3:15) de ce qu'ils considèrent comme vrai et essentiel.

Nous sommes convaincus que George Pell se situe dans cette lignée de nobles confesseurs de la Foi, et nous espérons que cette petite contribution — offerte à un moment critique — contribuera à garantir qu'il ne soit pas oublié maintenant, ni jamais.

# George Pell, white martyr

*Oswald Cardinal Gracias*

The scarlet robes are a summons, as is made clear to all new cardinals at a consistory: "For you must be willing to conduct yourselves with fortitude, *usque ad effusionem sanguinis* (even to the shedding of your blood)..."

I heard as a young seminarian the names of József Mindszenty of Esztergom-Budapest, Josef Beran of Prague, Josyf Slipyj of Lviv. Those 'giant' cardinals were imprisoned and exiled. Some from that period are already beatified: Alojzije Cardinal Stepinac of Zagreb and Stefan Cardinal Wyszyński of Warsaw. I read of their stories and admired from a distance their witness.

I would now add George Pell to that list, a close colleague, a friend and brother in the College of Cardinals. He lived in an exemplary fashion the cardinalatial mission of fortitude.

His wrongful conviction in Australia — the fruit of a campaign of public vilification against him — was a 'white martyrdom' of 404 days in solitary confinement, denied even the opportunity to celebrate the Eucharist. The testimony of that ordeal, collected in the three volumes of his *Prison Journal*, is proof that a small cell cannot confine a large soul. Pell's *Journal*, animated by Christian hope and magnanimity toward his persecutors, is a precious addition to the corpus of inspiring Christian prison literature.

His sudden and unexpected death — we were together briefly just a few days prior — deprives the Church of his clear and courageous voice.

I am grateful, therefore, to the editors of this volume in Cardinal Pell's memory, and am happy to recommend it to readers by way of this introduction.

At the time of his death, he was already older than 80 years of age and had retired from all his 'official' duties. Nevertheless,

Cardinal Pell was fully engaged in the life of the Church, and his contributions were valuable. Indeed, the purifying effect of his unjust imprisonment gives to his thoughts a greater gravity and wider resonance. We should listen attentively to this white martyr's witness and reflections.

Even before the witness of his final years, Cardinal Pell had an unusually large impact on the life of the universal Church, in addition to his singular status in Australia — the only cleric to date to serve as both Archbishop of Melbourne and Archbishop of Sydney.

In the 1990s, as a young auxiliary bishop, he was appointed to the Congregation for the Doctrine of the Faith. There he began his collaboration with Joseph Cardinal Ratzinger, whom he would later welcome to Sydney as Pope Benedict XVI for World Youth Day 2008.

In 2001, the Holy See created the *Vox Clara* committee of bishops from the English-speaking world to advise on a new translation of the Roman Missal. George Pell, not yet a cardinal, was appointed chairman, and I — then in Agra as archbishop — served as vice -chairman. This explains a bit our close association and friendship.

*Vox Clara* had an astonishingly ambitious goal: to assist in producing a single translation of the Holy Mass for all English-speaking Catholics on the planet. The resulting translation — accurate, accessible, and worthy of sacred worship — was one of the most important liturgical reforms of the last fifty years. Pell managed to lead a diverse committee to unity for the *lex orandi* of the Church.

Today, Catholics offer the same prayers at Mass whether in Ballarat, Pell's hometown Down Under, at St. Mathew the Apostle's Cathedral in Washington, D.C. where I have several times celebrated the Eucharist, or in our churches in Mumbai. Unity in worship across different continents and cultures was a tremendous achievement; few prelates have thus deepened ecclesial communion as much as Cardinal Pell and the *Vox Clara* Committee did.

After ten years of hard work, intense meetings, much discussion, great involvement of the Vatican Dicastery, and genuine collaborative efforts of all the members for one clear objective, the project for a theologically sound English translation of the Missal was completed. Pell was our leader — and he was surely in the driver's seat. Under his leadership, the work on the Missal was done. I was surprised and delighted when we were called into an even greater collaboration in 2013, when Pope Francis appointed both of us to serve on the Council of Cardinals, eight cardinals drawn from the various continents to advise the pope on different matters. We met for three days at a time, five times a year. It was intensive work as we discussed with the Holy Father the reform of the Roman Curia and other matters concerning the Universal Church on which the Holy Father wanted our advice.

Cardinal Pell was a powerful voice for reform, understanding that *ecclesia semper reformanda* was necessary precisely so that the Church might deepen her true identity, given to her by Jesus Christ. At our meetings, he was friendly and frank; Pell spoke forcefully but always with fraternal respect. He and I sometimes disagreed, but this did not diminish the respect and affection we had for each other. We had the same goal in mind and both of us recognised this. He insisted that all authentic reform had to be rooted in the truth of the Gospel — without that, communion would give way to confusion.

Pope Francis noticed Pell's qualities and competence, and so he soon appointed him the first Prefect of the Secretariat for the Economy, handing him the immense task of rooting out any trace of maladministration of the temporal goods of the Church, by enhancing transparency, by promoting good financial policies, and by planning strategies thus expertly stewarding the material resources of the Holy See.

Is there any bishop of recent generations that was given leadership at the Universal Church level on projects as varied as translation of the Roman Missal and furnishing new protocols for the Vatican finances?

The story of the financial reform is ongoing. Some of Pell's early initiatives were misunderstood. Time has shown he worked in the right direction.

Working closely with Cardinal Pell for more than 15 years, I did not always agree with him; he did not always agree with me. He did not expect that we would always agree. He was an honest man who said what he believed — fearlessly and forthrightly. And when he became convinced — as I observed at several synods of bishops — that the very teachings of Jesus were at stake, he spoke passionately and powerfully. He offered a signal service to his brother bishops, to the Holy Father, and to the entire Church. His was valuable contribution that could not be ignored.

Archbishop of two important sees, liturgical translator, host of World Youth Day, curial reformer, financial manager, and papal advisor — all this he managed while emerging as a leading Catholic voice in Australia, the United States, the United Kingdom, and beyond. He may well have thought his service was more than complete by the time he turned 75 in 2016.

Yet the final great witness was still ahead of him. In 2017, charges were brought against him for sexual misconduct, in which the particulars were wholly impossible. I saw that clearly from day one. I was therefore most surprised at the way his trial had proceeded. He was in Rome, safe and comfortable, but decided that he would go back to face trial. He was a fighter! Nearly three years of his life would be consumed by this strange prosecution, as was conceded even by his fiercest critics. He was finally acquitted utterly and unanimously by Australia's High Court.

I felt greatly relieved justice was finally done. But Pell the man must have suffered a great deal. I was amazed when a few months before his death, during his visit to Mumbai, in our long chats, there wasn't the slightest tinge of bitterness. It could only be the fruit of grace and the nobility of his nature. During our conversations I sought an opportunity to offer him empathy — to tell him I understand his pain. But he had no need for that. The past was history.

Cardinal Pell's funeral in Sydney's St. Mary's Cathedral was both a fittingly sublime farewell to one of Australia's greatest clergymen and, at the same time, a dramatic enactment of the *via Dolorosa*, as protestors hurled abuse at his casket. A new age of white martyrdom for the Church.

Many in that funeral procession were strengthened by the echo in their ears and hearts of the late cardinal's motto, *Be Not Afraid*. He took that from Pope St. John Paul II, who took it from the Lord himself.

When I was created a cardinal in November 2007, Pope Benedict preached to us about the mission of a cardinal in light of I Peter 3:15-17: "In your hearts reverence Christ as Lord. Always be prepared to make a defense to anyone who calls you to account for the hope that is in you, yet do it with gentleness and reverence; and keep your conscience clear, so that, when you are abused, those who revile your good behavior in Christ may be put to shame. For it is better to suffer for doing right, if that should be God's will, than for doing wrong."

George Pell was created cardinal at the Consistory of 2003. He surely would have read those words. We see that in God's Providence his suffering was his greatest work. In these pages Cardinal Pell speaks to us one final time. We would be wise to listen, and to be grateful, as I am for the time we spent together in the vineyard of the Lord.

I regret that our final meeting a few days before he died was too short. I could have learnt more, have been inspired more. He has joined the ranks of the great cardinals who have given their all for the Church, in discipleship of the Lord. I will miss a dear and wise friend!

# Pell *contra mundum*

## *Rev. Robert A. Sirico*

### Preface

There is hardly anyone who can see clearly and thinks seriously about public life at the present moment who can't help but sense a great desperation among too many people across the globe who face economic uncertainty, family breakdown, Leviathan-like government growth, a disturbing disregard for human life, and much more. All of these difficulties might be traced back — through a theological lens — to an even deeper crisis: a crisis of anthropology. This anthropological crisis is not one some might think they've seen on *National Geographic*. The anthropology discussed herein is instead a deep incomprehension of who the human person is as a being fashioned in the *imago Dei* whose ultimate destiny is culminated outside this present world.

I am grateful to have spent quite a bit of time with George Cardinal Pell during his final days. We spoke often and deeply about these serious matters and focused on what could be done to bring sanity to our world, and to our Church.

I was one of a small group who broke bread with Cardinal Pell the evening of the funeral of Pope Benedict XVI, of happy memory. That was 5 January 2023. Cardinal Pell would enter eternity but a few short days later.

I do not wish to suppose here that I am speaking on behalf of a man who can no longer speak for himself. My thoughts collected here, except where I cite the cardinal directly, are my own. I offer them as a way to pay back a debt – a great debt – I feel I owe to this late Prince of the Church, my friend. Cardinal Pell was a mentor, a brother, and a father to me for more than a quarter century. I knew him to be an honest and wise counsellor when I was in need, and a clear-minded critic when he felt I deserved it. He was also a champion of mine, both in my pastoral work and in my work through the Acton Institute, as he was such to so many others.

## Pell's last question to the Church, and to us all

George Cardinal Pell was not the kind of person who, upon entering a room, would go unnoticed; nor did he live his life that way. And this didn't have much to do with his six-foot, four-inch frame. The cardinal archbishop from Down Under towered over most everyone in ways that extended beyond the physical. That tended to give indigestion in all the right places.

In the latter days of his life, Cardinal Pell became increasingly concerned with the direction and the administration of the Church universal. As was his custom, he voiced these concerns directly.

The present "synodal process" was one of those concerns. He found the discussions surrounding the synodal process ambiguous, confusing, and perilous.

What animated Pell's strong opposition to the present direction of the synodal process was what he perceived as nothing less than its hostility to the apostolic tradition itself and that tradition's normative teaching on faith and morals over the last 2,000 years. This, as many might imagine, is not any superficial claim, especially when it is directed at the Luxembourger prelate in charge of the process. Cardinal Pell even alleged the prelate had publicly repudiated Church teaching, and so called for his removal.

Volatile debates have predictably swirled around synods and councils of the Church from the time of the Council of Jerusalem right on up to the Second Vatican Council. The current synodal process is no different.

The essential question Pell labored to raise in his last days comes down to this: Does the Church exist by virtue of a Divine mandate, a deposit of Faith entrusted to the Apostles intended from the beginning to be handed down faithfully from one generation to another — intact?

This has always been the Christian presupposition; it is what the documents of the Second Vatican Council (in fact, all the councils) affirm; it is what the Catechism of the Church teaches and it is fidelity pledged in our baptisms and, for some of us, again in our ordinations.

Yet an alternative question arises that asks whether the Church is essentially an open-ended process of community, whereby the insights and experiences of each subsequent generation must be brought to bear on that deposit and that the community of believers contributes and may modify what the Church is as well as its fundamental preconceptions and may even override any fixed, defined, static or rigid doctrine already established.

It comes down to whether the core doctrine of the Church is inherited and held in trust or whether doctrine is continually invented and reinvented.

These are not easy questions. They are rather complex, and were what drew St. John Henry Cardinal Newman into the Church.

Newman was one of the leading lights of the Church of England in the 19th century whose Victorian prose and intricate knowledge of Patristics earned him the respect and admiration of a wide spectrum of his contemporaries. His musings would result in a re-discovery of Catholicity among Anglicans, prompting many of them to enter the Roman Church, which came to be known as the Oxford Movement.

In 1845, Newman would cross the Tiber himself, but only after having written a detailed and exhaustive account of how the faith of the first disciples of Christ could be effectively and faithfully transmitted down through the ages. How could this be accomplished as times, languages, customs, and scientific discoveries unfolded?

It can be said that Newman essentially wrote himself into the Catholic Church by producing a book to answer that question, *Essay on the Development of Christian Doctrine*. This is the very question that has such pertinence to the present state of the Church.

What came next surprised many. The admired Oxford Don, and one of the most widely known thinkers of his age, presented himself at the rectory door of his local Catholic bishop to be received into full communion with the Church.

It can be difficult from our contemporary perspective to fully appreciate what a diminution in social status this represented in Newman's day, when Catholics were not permitted to study at the great English universities like Oxford nor Cambridge, and where the Roman Catholic Church in England was largely considered to be the "Italian mission to the Irish."

Newman's essential conclusion is that while the development of the Church's teaching is indeed a dynamic process taking into consideration all the contingencies noted above, yet with the proper safeguards (what he calls his seven "Notes"), an authentic development can be undertaken without diluting the deposit of faith, but rather strengthening and clarifying it.

This was not development for the sake of change, but an amplification of received truth. The second Epistle of John (2:9) offers a clear warning against such false progress which goes beyond the original *didache* (teaching).

Perhaps the earliest concrete example of an attempt to apply the gospel to a new culture without losing the message came in Paul's discourse at the Areopagus in Acts 17:16-34, where the apostle attempts to make the inchoate search for human meaning culminate in Christ.

The current open-ended synodal process reveals that such attentiveness to roots and safeguards are not in place nor are even under consideration.

All of this points to the remarkable parallel between the figures of Cardinals Newman and Pell. The similarities are striking.

Both came from missionary dioceses in their day and both were alumni of the Pontifical Urban College under *Propaganda Fide*, and for that matter, both studied at Oxford.

Both men were masters of what might be called the "controversial arts" — that is, they engaged with the hot-button debates of the day.

The pastoral personalities of many priests and bishops seem preconditioned to avoid things that clash, cause debate or conflict, but neither Newman nor Pell could be counted in that number. When either discerned what he perceived to be a clear threat to the apostolic tradition, he spoke out and pinpointed the grave matter at hand.

To be sure, the distinct historical periods and cultures in which they lived meant that their respective approaches differed: Where the British gentleman Newman was delicate and highly nuanced, Pell was robust and forceful; where Newman was subtle and indirect, Pell was forthright and at times blunt. Where Newman was a man of the library, Pell (though certainly a well-read intellectual) was ever a man of the Australian rugby pitch.

Neither was reluctant to reply to his critics: Newman's devasting reply to his contemporary Charles Kingsley took the form of what would become a classic of Victorian literature. The *Apologia Pro Via Sua* is a rhythmic and painstaking account of the sincerity of Newman's own conversion which Kingsley called into question. Charles Kingsley would hardly be known today had he not been the object of Newman's pen.

If I had to choose one brief example of what could represent Cardinal Pell's style of *Apologia*, it would not be one of his books, but one of his characteristic quips, this from when he debated the well-known New Atheist, Richard Dawkins, in 2019.

At one point in the exchange, Dawkins was asked how his atheism could explain the emergence of sentient beings from out of nothing.

Dawkins offered an attempt to define "nothing" and when the audience broke out in laughter at his rambling, an indignant Dawkins asked, "What is so funny?"

Pell's succinct and bemused reply was to say, "It *is* funny when you try to explain nothing."

Both Newman and Pell underwent trials in the course of their lives, and were often held in contempt by media elites and churchmen alike. Yet, neither ever lost a sense of mission nor a sense of faith nor a sense of joy.

In Pell's case, this came in 2019 when the cardinal spent 404 days in a cell in two maximum security prisons including a period in solitary confinement for charges later deemed by Australia's Supreme Court to be irrational, thus completely exonerating him.

The legacy he left of that experience are his *Prison Journals*, a spiritual classic impressive not for its drama or sweeping prose, but its utterly simple and literally mundane authenticity showing how an innocent soul confronts injustice and remains hopeful.

Above all else, it is when we look to the virtues that we can see what units these two men: the moral excellence of courage — the quality that balances recklessness against cowardness. This characteristic is on display whenever either man encountered threats to the Church, even when those threats came from within.

Newman stood against the creeping secularization and replacement of Christ at the center of his beloved Church of England when he was a member, then, following his conversion, he warned of the corrupting influences of power as he, along with Lord Acton and others, cautioned that devotion to the tradition of the Church and the Holy Father, does not confuse fidelity with sycophantism.

Setting aside whatever consequences either would have to face in the loss of social status or from attacks of others, Pell seemed to share Newman's motto: "holiness rather than peace." They each understood that the peace they were willing to eschew for holiness was not that transcendental "peace that passes understanding" (Phil. 4:7) that comes from faith and ends in the Beatific Vision, but rather the "peace" of habituating oneself to a quiescent dormancy that engenders timidity to "rock a boat" in need of rocking; or when attachment to the truth proves too inconvenient at a given moment or threatens one's upward progress.

This fearlessness can be observed in Cardinal Pell most especially in the twilight of his life as he strove to preserve the apostolic tradition at a cultural and ecclesial moment that has become increasingly more hostile to his understanding of himself as a bishop, then an archbishop, and finally as a prince of the Church.

On Cardinal Pell's passing, the Holy Father, Pope Francis, said that he recalled with "heartfelt gratitude" Cardinal Pell's "consistent and committed witness, his dedication to the Gospel and the Church, and particularly his diligent cooperation with the Holy See in its recent economic reform, for which he laid the foundations with determination and wisdom." The pope concluded: "He is a great man and we owe him so much."

Our friend had a front row seat to the grave, mounting and ongoing scandals that have confronted the Church in our time which have done much damage to her mission, message, reputation, and finances. He had a good deal of clarity to offer on all this so that in 2014, Pope Francis appointed Cardinal Pell to be the first Prefect of the Secretariat for the Economy of the Vatican in an effort to bring its fiscal house in order.

We may now lament that he never lived to see the completion of his work on the financial reform of the Roman Curia, a reality that remains with us in real-time as the reports coming from the Vatican trial currently underway reveal just how deep the corruption has seeped into the institution. The trial itself stems from the cancelling of the external audit that Cardinal Pell initiated.

Perhaps, one day, all of the rot will be uncovered, all of the guilty identified, and a purification can commence. But perhaps that day is not our day.

Numerous obituaries for Cardinal Pell cast him as a "staunch conservative" whose stance on any of the hot button issues of the age was supposedly divisive.

"Staunch" is an interesting adjective often employed to bespeak rigidity, something on the order of a fossil-like attachment to something because it is old.

I see it as a description of a man of convictions, who does not yield them in the face of the fashions and pressures of the moment, whether political, moral or theological. In his portfolio as a Catholic cardinal, his precise role was to be "staunch" in this sense, to pass on the tradition handed down from the apostles with care, firm conviction – and this is what Cardinal Pell emphatically did with winsomeness.

After all, the division that is evoked from such staunchness is initiated by those who abandon the tradition they themselves vowed to defend, or who seek to undermine, dilute or reject it. It is they who cause the division by their infidelity. In this sense, Cardinal Pell was simply emulating Jesus's words in Luke's gospel (12:52), that he came not to sow peace, but division.

## The absent Father of the Synod

It may be helpful to recall another time of great division and confusion in the Church which resulted from a misunderstanding of man, in this case, the *Logos* who became Man. I refer here to the rise of one of the great heresies of the early Christian Church: Arianism (the denial of the Divinity of Christ). St. Jerome looked upon the situation of his day and famously lamented this way: "The whole world groaned, and was astonished to find itself Arian."

There was another phrase that emerged in that same period as well, which represented the response to the Arian error which would have distorted the face of Christianity forever. That phrase was "Athanasius *Contra Mundum*" — Athanasius versus the World. For it would be Athanasius who responded most forcefully, at times in a manner that was hardly polite, to the Arian heresy leading to its defeat (I'll prescind here from Old Saint Nick's response to Arius).

Today, we have another monumental heresy of a different sort confronting the Church which suggests a confusion about the very nature of the human person and the family, human freedom, and responsibility in business and religious expression. All of this coalesces under the rubric of "woke" — an expression originated in a justifiable resistance to racial prejudice but has now morphed into a broad range of neo-Marxist demands including radical re-interpretations of gender roles, traditional moral norms, and ecclesial structures. This might prompt many to remember Athanasius and say: "The whole world groaned, and was astonished to find itself woke." The temptation to bend to the woke ideology is as pervasive a temptation today as Arianism was in the era of Athanasius.

Cardinal Pell raised his last question with that temptation in mind. How we answer it will say a lot about whether we have the mettle to confront the woke temptation in our world, and in our own Church.

It has often been said of St. John Henry Cardinal Newman that he was the "absent Father of the Second Vatican Council" — his life and thoughts greatly influenced the Fathers of Vatican II in their deliberations.

May we one day come to call Cardinal Pell the "absent Father of the Synod." May it one day be said: "Pell *contra mundum*."

# The times are out of joint

*George Cardinal Pell*

"The time is out of joint; o cursed spite
That ever I was born to set it right"

*Hamlet*

I was born and then educated in the olden days of the nineteen forties and fifties, when *La Nina* was also operating, and the Ballarat of my youth was regularly wet and cold. We had no central heating.

It was a primitive time with Bob Menzies as Prime Minister sustained by Democratic Labor Party second preferences. A government was in peril if unemployment rose beyond 3 percent. Some of the *cognoscenti*, like Patrick White and Sydney Nolan fled to London, then Dame Edna escaped from Moonee Ponds, but most Aussies enjoyed their good fortune and refused to acknowledge their lack of sophistication or feel inferior, to the dismay of their betters. I suspect this was one cause of D.H. Lawrence's earlier exasperation with Australia.

I was educated at St. Pat's in Ballarat, run by the Christian Brothers, to whom my generation and earlier generations are eternally grateful — or should be! The brothers and the nuns worked for pocket money as no government funding was available for non-government schools. Without their sacrifices many young Catholics between 1870 and 1970 would not have received a Catholic education.

It was a primitive time. Men only married women. Husband and wife usually stayed together, even during those times when marital bliss evaporated. Most did not live together before marriage and many went regularly to church. Probably more than half of the Catholics were at Sunday Mass. During the Second World War a group called the communists dominated many Australian unions, damaging the war effort considerably until Hitler invaded his communist ally, Russia. A group of Australian patriots, including many Catholics threw the communist union leaders out. This was a good thing.

It was a primitive age, as multiculturalism had not been invented and the Greek and Italian migrants had to assimilate. The "wogs" and "wops" were expected to know their place, but even in primitive times there were turn-ups, the unexpected. The most powerful group of Catholic activists was led by a Melbourne man, an Italian-Australian, and almost all his foot soldiers were Irish Australians. It worked well, although one or two conceded in a whisper that a name like 'Santamaria' was not ideal in every circumstance.

St. Pat's was not an academic school as few of the brothers, our only teachers, had university degrees. Our school was renowned for producing Aussie Rules footballers and priests, more than 300 in fact since 1893, more than any other Australian school. When I was welcomed back as a new bishop in 1987, the headmaster explained to the boys in the cathedral that the college was renowned for producing two Brownlow Medal winners (the best and fairest player in the Victoria Football League) and two bishops. The achievements were mentioned in that order.

It was a primitive age. I, and a large cohort of my class (we had ninety boys under one teacher in year seven) studied Latin and French each year from year seven, and we had external written government exams for years ten to twelve. The results of such examinations were, of course, irrefutable evidence of achievement for those in less reputable high schools and Catholic schools.

We also studied a play of Shakespeare each year from year nine, starting with *Julius Caesar*, wrestling with the antique language, probably not understanding too much of the drama and variety of human experience presented to us, but being regularly exposed to the greatest writing in our language. My cohort also studied Chaucer and Milton, Browning and the Romantic poets, Emily Bronte, Hemingway, and more.

It was a primitive age. We had no television until 1956, the year of the Melbourne Olympics. There were no drugs available to students in Ballarat, but plenty of alcohol. No internet pornography, although *Man* magazine could be purchased from below the counter. No mobile phones, no computers, no internet.

The Second Vatican Council had not taken place. The Irish-born Dr. Daniel Mannix, a great tribal leader, was still Archbishop of Melbourne, before dying, at the age of ninety-nine in 1963. He provided reassurance to his followers whom he encouraged into the middle class, a probably unmatched example of social mobility, and he did not disturb the Protestant majority as much in his later years as he did in the great First World War debates on conscription. Vocations to the priesthood and religious life were plentiful (there were approximately 200 seminarians for the diocesan priesthood of Victoria and Tasmania when I entered Corpus Christi seminary in 1960), while the Catholic community was clear-headed, confident, and narrow-minded. Protestant churchgoing rates were not as high as ours (we took consolation in this), but the Protestant schools were still imparting a Christian moral framework to their students for public life and, indeed, family life. It was the invention of the contraceptive pill and the consequent sexual revolution of the 1960's spread, for example, by the music of the Beatles and the Rolling Stones, which upended this.

As a grumpy old male, entering into his ninth decade of life, and emerging from the ancient provincial setting I have described, some would claim that it is not surprising that I would echo the words of Hamlet, the prince of Denmark: "the time is out of joint."

At this stage, to bolster my disreputable credentials and explain the disadvantages of my early environment, I cannot refrain from pointing out that Kentucky Fried Chicken opened their first Australian outlet in Ballarat in the 1970s, I think, working from the premise that if it could be successful in Ballarat, the most conservative city in Australia in its estimate, it could sell its chickens anywhere in the nation.

Are my origins, in the ancient provincial mists, sufficient to explain away my suspicion, with Hamlet, that "something is rotten in the state"? Am I blinded by sentimental nostalgia for a simpler, vanished past? After all, I was born during the Second World War and now we have no world war, only the naked Russian aggression in distant Ukraine and clumsy, disturbing Chinese belligerence as it attempts to re-establish the Middle Kingdom as the world's number one power. A possible Chinese naval base in the Solomon Islands is still some distance away.

I don't think Australian life is rotten at the core, but times are changing — and not always for the better. The inevitable Royal Commission of the future into Victoria could find a situation parallel to that of Joh Bjelke-Petersen's Queensland in the 1970's and 80's, and too many Australians were content with the overreaction of bossy nanny states during the COVID crisis, when the churches were closed before the casino (at least in Victoria). Many in the Catholic leadership were too docile.

But hundreds of thousands of immigrants want to come to Australia each year (there are not too many clamouring to migrate to China). Before COVID, Australia had four of the world's top ten livable cities. And returning from Rome and travelling around Sydney's suburbs, I marvel at the prosperity, the fine homes, continuing mile after mile. In the Heritage Foundation's 2020 Index of Economic Freedom Australia was ranked as the first country. Campion has been born and the two Catholic universities provide something of a bulwark against the worst.

But the times are changing and many are uneasy, especially social conservatives, regularly assailed by woke activists, even in sport (as we saw in the controversy over Israel Folau and in the bravery of the Manly Seven). Some leaders in Big Business have buckled or enthusiastically embraced anti-Christian measures. Corrs, the lawyers, recently dumped the Melbourne Archdiocese as a client, without consultation and after being retained for more than 60 years. It was under a Federal Liberal government that official forms replaced the term "mother" and "father" with "birth persons." I had spoken with a succession of the Labor leaders about the importance of maintaining a situation where pro-life and pro-family candidates could still be endorsed (unlike the Democrats in the United States), but I have been surprised by the exuberance of so many woke activists in the Coalition parties. I did not anticipate such a rapid collapse. The presence of Peter Dutton and Angus Taylor offers hope, unless they are heavily outnumbered. But I am tempted to claim that the only conservative blow stuck by the last Federal government was to reduce substantially the numbers of students doing poisonous arts courses — although they did protect the math curriculum against the woke nonsense.

The Catholic vote is fractured, but a good number could be mustered to defend Catholic schools. However, the significant grouping for the future is the gospel Christians in all the Christian churches, especially the Catholics. Many, but not all of these are migrants and there are significant groupings in some places such as Western Sydney.

In my youth I remember Archbishop Mannix explaining that in democracies, unlike the autocracies of the past, Christians can defend themselves through their votes. Our opponents are hoping that Catholics will keep silent in the public square after the shame of paedophilia. Such a Christian silence on the moral issues of the day would be a serious dereliction of duty, following one massive failure with another, an abuse of the abuse. However, it is not sufficient to speak, as people need to listen and I suppose the anti-Christian forces on both sides of politics will only be tamed when they are shown Christians have votes, which they will sometimes use.

Population has drained from the countryside, union membership has fallen and parliaments are dominated by a tertiary educated meritocracy, increasingly secular where the two major parties do not differ too much, at least on non-economic measures. This is the context for the taming of the social conservatives, exemplified in the Parliament of New South Wales, where the main parties are led by two good men, believing, practising Catholics and produced the most draconian euthanasia legislation in Australia.

Despite all this, I am not an ecclesiastical Tim Flannery predicting religious collapse, complete disaster in the next decade or so. Nor do I think much of Flannery's insights into climate. This bizarre conviction that we can change the earth's climate patterns is one piece of evidence that the times are out of joint. It is a billion dollar, perhaps one trillion-dollar juggernaut, probably heading in the wrong direction. Tim seems to have been a bit down in 2004. Australia was for him particularly vulnerable. "We are going to experience conditions not seen for 40 million years," and he also thought "there is a fair chance Perth will be the 21st century's first ghost metropolis." In 2006 the threat of rising sea levels joined the dangers of drought. In an article entitled "Climate's Last Chance", Tim exhorted us to "picture an eight story building by the beach, then imagine waves lapping its roof."

The next year, 2007, was a mixed year because, while he felt Australia was in a "one-in-1,000 year drought" and that Brisbane and Adelaide could run out of water by year's end, he was optimistic about the embedded energy in South Australia's hot rocks. The Rudd Labor government invested $90 million of taxpayers' money in this Cooper Basin geothermal project. Surprise! Surprise! The project failed, was abandoned and money was lost — a smaller sum, however, than the Vatican lost on the Sloane Avenue, London, purchase (that was 150 million euros).

Something is not right — is off key — when a man with Flannery's views can be published, and published regularly, in reputable journals. We joined Alice in Wonderland when Tim was declared Australian of the Year in 2007.

In the post-Christian vacuum which is developing the esteem for freedom, the lynchpin of the Liberalism project, from which society and the Church have received substantial benefits, is also under sustained assault. The renamed climate change movement against carbon dioxide (which not only enhances the growth of vegetation, but is essential for it), has many of the characteristics of a low level, not too demanding, pseudo-religion. When religious belief is lost or deconstructed the survivors like to embrace some grand narrative and seem to need something to fear. Almost unconsciously they seek to appease the higher powers (of nature in this case) with the sacrificial offering of fossil fuels, of coal and oil. Unfortunately for them, modern economies will continue to need coal and oil. Democratic majorities in Australia and throughout the First World will not consent to regular electrical blackouts, power failures at the height of summer or winter. And of course, our foes and allies in the Third World need coal and oil for their industrial and modernising programmes, just as we did in the past and continue to do. They are sensible and clear-headed on this point and would be bemused by Western virtue signalling. In 2021 1,893 new coal fired power stations were being constructed around the world, 446 in India, 1,171 in China, and none in virtuous Australia, which also abstains from developing nuclear power stations. Australia has resources of coal and uranium, apparently sufficient for thousands of years, and I am sure these will be developed and exploited to the benefit of our descendants for many generations when our aberrant enthusiasms have lapsed.

There is no one obligatory Catholic position on climate change, because we are a religion, teaching faith and morals, and do not impose any scientific straitjacket. Every person has a right to be foolish, if he thinks it wise (this is also true of myself). The climate challenge is not one of my major concerns, although I enjoy introducing a few facts into the hysteria: no computer program has accurately predicted future weather patterns; and some historical facts about the warming periods around the time of Christ's birth and the Medieval warming from 900 to 1300, when Australia suffered from some terrible droughts. The worst lasted for thirty-nine years between 1174 and 1212 A.D., and a later mega-drought lasted for twenty-three years between 1500 and 1522.

My major concerns are elsewhere: with the Catholic Church and with the rise of a belligerent China.

The 2021 census in Australia showed a spectacular rise in the number of those who declared that they subscribe to no religion, now numbering 38.9 percent; an equally spectacular drop in the numbers of the Uniting and Anglican churches, with losses of 22 percent and 20 percent respectively and the substantial, unprecedent decline by four percent of Catholic Church membership in five years. All this slippage followed significant Christian losses in the previous five years.

A point to be pondered is that the Catholic decline was so much lower than the Protestant percentages, although Catholics bore the brunt of the hostility from the media and the activities of the Royal Commission on institutional paedophilia.

All of those who love Christ and the Church are dismayed by these losses, but differ, sometimes acrimoniously, on how they should be addressed. We have a clear division between those who believe that we are the servants and defenders of the apostolic tradition, with no power to change substantially the doctrines that come to us from Christ and the apostles through Scripture and the Catholic magisterium. Opposed to them is an older cohort, generally a little bit younger than myself, who give the last word to modernity, who believe we are masters of the apostolic tradition and can amend it to bless homosexual unions and create women priests. Some also reject the basic Christian teachings on sexuality.

The recent Plenary Council has come and gone and was largely irrelevant to the preaching of the gospel and the threat of decline, being more concerned with the redistribution of power.

Australia's finest theologian, a woman who happens to be orthodox (a position now regarded as conservative) was not invited to be a delegate. The nation's leading Catholic academic and an outstanding public intellectual (he was Vice-Chancellor at Australian Catholic University) was barred from writing any Council documents. There were no young priests, who are in fact one of the hopes for the future with their zeal, their theological discrimination and intellectual firepower and, of course, few Latin Church ethnic parishioners.

Council members requested that the priesthood, family, and education be discussed; to no avail and naturally there wasn't a squeak on the approaching threats to religious freedoms in our schools, hospitals, and retirement homes. A goodly percentage of the Council's pacemakers were self-absorbed, not interested in missionary expansion, isolated from the real world, from the clash between good and evil, faith and darkness. One can see how the Church disintegrated in Belgium, Holland, and Quebec. Jesus

21

got a few mentions, more than Jesus Christ, and faith was hardly mentioned at all, much less evangelisation or the unborn.

The Council seemed unaware of the causes for the revolution in manners and morals which has also built up in Australia, exemplified in the brutal incivility and power plays of the social media, and the spread of pornography into every section of society, male and female. The tribal power politics of the advancing 'cancel culture' is threatening to overthrow the foundations of liberalism, which has allowed the Churches to survive in Australia even as the Judaeo-Christian legal foundations on life, marriage, family, and sexuality were undermined.

In the new politics of gender and race, white males, and especially old white males, represent the worst of the past, of the detested racism, colonialism, sexism, and patriarchy. To quote *The Australian*'s Paul Kelly (whom I have found regularly helpful in trying to understand what is happening in our wider society because of the decline in Christianity), these forces are bitterly opposed not just to Christian civilisation, but to the foundations of our traditional Western consensus "that all people, regardless of race, religion, sex or gender are equal before the law and share a common dignity."

The issues in dispute could scarcely be more basic. Reason, freedom, truth, risk banishment, while notions of Divine Law, immutable natural law, have a quaint and antiquated ring about them, and are seen as expressions of a failed mythology.

Some writers like Larry Siedentop in *Inventing the Individual: The Origins of Western Liberalism*, recognise liberalism's debts to Christianity. Most do not. My suspicion is that the links are even more profound and any Western society which is based on the premise of equality before the law for all people and ascribes a common dignity to each and every person, citizen or foreigner, productive or dependent, young and healthy or old and dependent — such a society can only continue when sustained by Christian ideals of universal love, often expressed as human rights, derived from a Creator God.

One does not need to be a Christian for this as a post-Christian instinct or sympathy can suffice, but this, too, is declining, savagely dismissed in our universities. The brutal forces driving evolution, the law of the jungle, the economic and intellectual inequalities among humans, the differences between the strong and the weak, the sick and the healthy, all fly in the face of any claims of universal human dignity. Already a significant section explicitly endorses tribalism, revenge, raw power and domination rather than any movement to consensus. In a hostile post-Christian Australia sustaining the liberalism ideal might be as difficult as planting democracy in Iraq or Afghanistan.

I do not believe that the battle is over, that the field has been lost. Recently a senior public figure told me that the only option now for Christians in Australia is to head for the catacombs and that the rot could only be stopped by a few martyrdoms. I hope and believe that this is a misreading of the situation — excessively pessimistic. But the situation is on the turn and mighty tides are running against many, but not all Christian teachings. Most Australians still believe "everyone has a right to a fair go." Just as certainly if the situation is not to worsen, not only Christians, but all those who value our Western way of life need to "have a go," which is the second bedrock of the Australian consensus, the common sense of our ancestors which gave us our decency and prosperity.

Before I begin to commend what Campion is doing and try to relate it to the societal changes I am describing, we must turn our attention briefly to a recently perceived danger, a game-changer in every respect: the belligerence and hostility towards Australia of China on the rise, rich and powerful.

War is a real possibility in the next decade, more probably over Taiwan, but not necessarily. Jim Molan's recent book *Danger on our Doorstep*, even when taken with a stiff pinch of salt, warns against a second Pearl Harbour and provides little comfort. I strongly recommend you read it.

One of the few vitally important tasks of the Albanese government is to increase our capacity to defend ourselves, inflict damage on any aggressor in the short term, and be able to do so for the next twenty or forty years. We hope and work for peace, but if the worst were to happen, or even big trouble occurred, largely fought out to the North, present high levels of rhetoric would then be of absolutely no use. Deeds are needed, not words.

China regards us as a weak link in the American alliance, because of our trade dependency with them and because of our military weakness. A power vacuum and an unprotected and frivolous society are temptations for dictators especially if they are wanting to distract their citizens from local problems such as poverty and inequality, oppression and discontent, thirty-five or forty million surplus males and the prospect of over two hundred million fewer people in the workforce in 2050.

China will refocus the Australian national conversation, however the situation develops, and I am not just talking about increased taxes for defence spending or the introduction of national service. Australia might be forced to decide whether we love our nation sufficiently to be prepared to defend it; whether we believe in freedom and democracy enough to resist a powerful dictator. Almost inevitably Australia will be forced to draw on the strengths of her Western civilisation in the centuries of dialogue or struggle, which will accompany the rebirth of the Middle Kingdom, a once mighty civilization, as old as Greece and older than the Roman Empire; but very different from our way of life, and presently very oppressive towards her citizens.

Another significant factor is that Christianity, mainly Pro-testantism, is spreading in China as it spread in the hostile pagan Roman Empire. Already China probably has sixty to ninety million Christians and is one of the largest Christian countries in the world.

It is a reasonable proposition that the Australians of the future, on at least some occasions, will have more to interest them than the State of Origin matches and the Melbourne Cup. But in any event, Australia will need clear-headed, capable patriots.

## Where and how does Campion fit?

Campion College is a very small community of students and teachers, and in some senses needs to be small to enhance the question and answer, objection and response, the dialogue, which is at the heart of all genuine tertiary education, especially in the humanities.

Campion is not practical, as its main Bachelor of Arts course does not provide any specific professional preparation or qualification. Campion College is not contemporary, as it is ahead of its time, although it is a bright example of political incorrectness. It is dedicated to the study of Western Civilization, that magnificent flowering from the fusion of the ancient traditions of Jerusalem, Athens and Rome which produced Constantinian Christendom that lasted until the Reformation, the Reformation itself, the Renaissance, the Enlightenment, and the Scientific Revolution. New nations were set up by the Europeans; the Spaniards and Portuguese and then the French and English, in America, Australia and New Zealand, and colonial rule was established in Africa and parts of Asia. This came at a price, sometimes at huge moral cost. But there were also gains in education, health, law, transport, the spread of democracy, to balance out the dark side of the French Revolution, Nazism, Communism, and Colonialism. The century of humiliation suffered by the Chinese is deeply felt there and fuels their assertiveness, but Hong Kong until its recent takeover, with Singapore are remarkable human achievements.

Campion studies history through Christian spectacles, evaluating the right and wrong, the good and evil, rejects any notion of a whitewash and works to diminish prejudice. But it inculcates a love and pride in our tradition, just as we love our families while recognising their failures. The liberal arts program aims to impart to the students "an integrated understanding of the events, ideas, movements, personalities and works which have shaped the development of Western Culture, in the four key disciplines of history, literature, philosophy and theology. Optional units are also offered in science, mathematics, Latin and Ancient Greek."

In other words, students are introduced to the wisdom of the ages through our tradition, the Western tradition. They learn of the central virtues, about faith and reason, about the search for meaning. They learn to analyse and synthesize, to say what they mean and mean what they say, to write and think logically and clearly and to have practical wisdom, something worthwhile to say on the basic human issues beyond whatever profession they might choose to follow.

This is an ideal personal base for any professional career and for that unmentionable role, which is vital to society, of wife and mother, the nurturing of children. It can even help the despised male of our species to be good fathers – and husbands. Because this education is good for individuals, it follows that it is good for society. Much of what Campion College now strives to do was done 100 or even 50 years ago for the elite and the battlers by family, school, church, university and even much of the media. No longer.

One can describe what society needs in a variety of ways like tradition, ritual, and cult; confident, modest people; not fearful and therefore not tempted to authoritarianism. One could say that society needs religious faith, a respect for order and hierarchy, patriotism, an awareness of Original Sin, the flaw which runs through every human heart and community, and an equal awareness that the human capacity for improvement is limited. Progress is difficult, because success is not guaranteed by good intentions.

Every society to avoid going backwards needs social conservatives from across the spectrum to transmit to the young what is worthwhile from the past. Our society is already suffering from a slowly spreading domestic chaos, damaged families, fragile children, alcohol, drugs, porn. Children need adults who will bring stability, set down boundaries so that love and respect can flourish and where the concepts of duty, honour, and compassion are exemplified.

Youngsters need to be shown that there are moral truths, of right and wrong, which we do not invent, just as there are truths of maths, physics, ecology, and public health. Society needs to understand that behind evolution is the Creator God, who is not only rational, stupendously intelligent, but good, kind, and interested in us. Our society needs to remember that we believe in free speech, because we believe in truth; that things can be known as they are, however imperfectly. If there is no truth, there is no endpoint in debate or discussion. The more powerful tribe simply decides and imposes its solution by force. The knowledge of God's final judgement, that each person will be obliged to answer for his life's work, that there is a heaven and hell. All this knowledge is stabilizing for society, and it is a consolation to the victims of history to know that the scales of justice will balance out in eternity.

Campion College is not alone in this struggle, which is carried forward by many agents, millions even in Australia; most of them working quietly, unseen. The Ramsay Institute's contribution is especially valuable, and all the forces of righteousness should strive to co-operate, whatever the problems in the past.

The culture wars continue, and while our losses are considerable, the field has not been lost. The many victims of the chaos will be increasingly open to our message and appreciative of your help. Campion has joined the fray and is contributing steadily. It is a pearl in the desert. I congratulate the College's founders, for their vision and perseverance as I commend the work of Dr. Paul Morrissey and his staff and students. They all deserve our support, and I am sure that you, the Campion family, will continue to provide it.

**George Cardinal Pell delivered this address in August 2022 to a gathering at Campion College, a Catholic liberal arts institution of higher education located in the western suburbs of Sydney, New South Wales, Australia.**

# The Catholic Church must free itself from this 'toxic nightmare'

*George Cardinal Pell*

The Catholic Synod of Bishops is now busy constructing what they think of as "God's dream" of synodality. Unfortunately this divine dream has developed into a toxic nightmare despite the bishops' professed good intentions.

They have produced a 45-page booklet which presents its account of the discussions of the first stage of "listening and discernment," held in many parts of the world, and it is one of the most incoherent documents ever sent out from Rome.

While we thank God that Catholic numbers around the globe, especially in Africa and Asia, are increasing, the picture is radically different in Latin America with losses to the Protestants as well as the secularists.

With no sense of irony, the document is entitled "Enlarge the Space of Your Tent," and the aim of doing so is to accommodate, not the newly baptized — those who have answered the call to repent and believe — but anyone who might be interested enough to listen. Participants are urged to be welcoming and radically inclusive: "No one is excluded."

The document does not urge even the Catholic participants to make disciples of all nations (Matthew 28:16-20), much less to preach the Saviour in season and out of season (2 Timothy 4:2).

The first task for everyone and especially the teachers, is to listen in the Spirit. According to this recent update of the good news, "synodality" as a way of being for the Church is not to be defined, but just to be lived. It revolves around five creative tensions, starting from radical inclusion and moving towards mission in a participatory style, practicing "co-responsibility with other believers and people of good will." Difficulties are acknowledged, such as war, genocide and the gap between clergy and laity, but all can be sustained, say the bishops, by a lively spirituality.

The image of the Church as an expanding tent with the Lord at its centre comes from Isaiah, and the point of it is to emphasise that this expanding tent is a place where people are heard and not judged, not excluded.

So we read that the people of God need new strategies; not quarrels and clashes but dialogue, where the distinction between believers and unbelievers is rejected. The people of God must actually listen, it insists, to the cry of the poor and of the earth.

Because of differences of opinion on abortion, contraception, the ordination of women to the priesthood and homosexual activity, some felt that no definitive positions on these issues can be established or proposed. This is also true of polygamy, and divorce and remarriage.

However the document is clear on the special problem of the inferior position of women and the dangers of clericalism, although the positive contribution of many priests is acknowledged.

What is one to make of this potpourri, this outpouring of New Age good will? It is not a summary of Catholic faith nor New Testament teaching. It is incomplete, hostile in significant ways to the apostolic tradition and nowhere acknowledges the New Testament as the Word of God, normative for all teaching on faith and morals. The Old Testament is ignored, patriarchy rejected and the Mosaic Law, including the Ten Commandments, is not acknowledged.

Two points can be made initially. The two final synods in Rome in 2023 and 2024 will need to clarify their teaching on moral matters, as the Relator (chief writer and manager) Cardinal Jean-Claude Hollerich has publicly rejected the basic teachings of the Church on sexuality, on the grounds that they contradict modern science. In normal times this would have meant that his continuing as Relator was inappropriate, indeed impossible.

The synods have to choose whether they are servants and defenders of the apostolic tradition on faith and morals, or whether their discernment compels them to assert their sovereignty over Catholic teaching. They must decide whether basic teachings on things like priesthood and morality can be parked in a pluralist limbo where some choose to redefine sins downwards and most agree to differ respectfully.

Outside the synod, discipline is loosening — especially in Northern Europe, where a few bishops have not been rebuked, even after asserting a bishop's right to dissent; a *de facto* pluralism already exists more widely in some parishes and religious orders on things like blessing homosexual activity.

Diocesan bishops are the successors of the apostles, the chief teacher in each diocese and the focus of local unity for their people and of universal unity around the pope, the successor of Peter. Since the time of St. Irenaeus of Lyon, the bishop is also the guarantor of continuing fidelity to Christ's teaching, the apostolic tradition. They are governors and sometimes judges, as well as teachers and sacramental celebrants — and are not just wall flowers nor rubber stamps.

"Enlarge the Tent" is alive to the failings of bishops, who sometimes do not listen, have autocratic tendencies and can be clericalist and individualist. There are signs of hope, of effective leadership and cooperation, but the document opines that pyramid models of authority should be destroyed and the only genuine authority comes from love and service. Baptismal dignity is to be emphasised, not ministerial ordination and governance styles should be less hierarchical and more circular and participative.

The main actors in all Catholic synods (and councils) and in all Orthodox synods have been the bishops. In a gentle, cooperative way this should be asserted and put into practice at the continental synods so that pastoral initiatives remain within the limits of sound doctrine. Bishops are not there simply to validate due process and offer a *nihil obstat* to what they have observed.

None of the synod's participants, lay, religious, priest or bishop are well served by the synod ruling that voting is not allowed and propositions cannot be proposed. To pass on only the organising committee's views to the Holy Father for him to do as he decides is an abuse of synodality, a sidelining of the bishops, which is unjustified by scripture or tradition. It is not due process and is liable to manipulation.

By an enormous margin, regularly worshipping Catholics everywhere do not endorse the present synod findings. Neither is there much enthusiasm at senior Church levels. Continued meetings of this sort deepen divisions and a knowing few can exploit the muddle and good will. The ex-Anglicans among us are right to identify the deepening confusion, the attack on traditional morals and the insertion into the dialogue of neo-Marxist jargon about exclusion, alienation, identity, marginalisation, the voiceless, LGBTQ as well as the displacement of Christian notions of forgiveness, sin, sacrifice, healing, redemption. Why the silence on the afterlife of reward or punishment, on the four last things: death and judgement, heaven and hell?

So far, the synodal way has neglected, indeed downgraded the Transcendent, covered up the centrality of Christ with appeals to the Holy Spirit and encouraged resentment, especially among participants.

Working documents are not part of the magisterium. They are one basis for discussion; to be judged by the whole people of God and especially by the bishops with and under the pope. This working document needs radical changes. The bishops must realise that there is work to be done, in God's name, sooner rather than later.

**This is used with permission from *The Spectator* where it originally was published 11 January 2023.**

# How to be 'boringly successful' at the Vatican

*Danny Casey*

## Introduction

It was many years before the establishment of the Secretariat for the Economy that George Cardinal Pell saw the need for financial reforms within the Church.

The current trials in the Vatican Courts have seen extraordinary claims of misuse of Vatican finances, the abuse of power with seemingly limited regard for the rule of law, including electronic surveillance on individuals who were merely doing their job have been exceeded only by the admissions from several witnesses called to give evidence. We have read reports about the cancelling of the external audit out of concerns about the verification process underway and the removal of the independent Auditor General is itself the subject of proceedings.

It has left many of the faithful pondering just how could this happen? Why would people in authority think this was appropriate? Why are some in the Vatican so troubled by independent verification and transparency? And what can be done to ensure we never see such conduct in the future?

Twenty years prior to this shameful exposure of inefficiency, incompetence and illegality, Cardinal Pell, from the other side of the world, had predicted that without reform, the next scandal facing the Church would almost certainly be around financial mismanagement. His comments and fears would, sadly, be realised.

These few lines provide context to his work in financial management and oversight in Australia and in the Vatican, and some pointers for the future.

## Background

It was in 2003 that the cardinal, not long after being installed as the Archbishop of Sydney appointed a new Business Manager and Diocesan Financial Administrator. It was to be the first time a lay person had held such a senior role in Sydney. The cardinal recognised the need to improve the way in which business and finance were conducted and was serious and professional about what was needed.

While there was nothing improper about the way things were administered in Sydney, it was clear there were opportunities for improvement. Like many Church entities at the time, and certainly like the Vatican, the archdiocese was short on skills and experience — the world of financial administration and investment management had developed at a far greater rate than the internal capability. The gap needed to be closed.

Cardinal Pell was clear that administrators of Church funds and those who carry out business in the name of the Church were required to operate to the highest standards of probity and professionalism. Given our Mission and our duties as good stewards, Cardinal Pell set the benchmark for Church administration to be "at least as good as the very best."

Church leaders administer goods that are not their own. How well they administer and conduct these affairs directly impacts on the Church's capacity to carry out its Mission. Those entrusted with the responsibility to administer financial affairs have an obligation to carry out their work to the highest possible standards because of who they work for and because of who they represent. Administrators should embrace — not hide from — international standards and best practices and should not make excuses or find ways to avoid or hide from compliance and transparency.

Cardinal Pell would often say the fact that we are a Church is no excuse to justify poor administration. Why should it be acceptable to conduct sloppy administration or to cut corners in financial administration? Why should it be appropriate to take the easy option, to negotiate naively or to leave money on the table when a deal is being brokered, money that could serve the needs of the Church, help the poor, help deliver programs that might lead people to God and eternal salvation?

Simple practices like a second set of eyes on every major transaction, ensuring all transactions are recorded, or the use of external auditors are the norm in secular organizations and not at all controversial. They are commonplace in many Church entities and need to be the norms across Church administration.

The cardinal made some significant progress in Sydney. By working the asset base harder, he substantially increased the net assets, extended the work of the Mission, established new agencies, new facilities, and hosted World Youth Day.

## The road to Rome

His work did not go unnoticed, and the cardinal was invited to serve on the Finance Committee of the Vatican.

In Church administration, one might have expected the Vatican would lead the way. Perhaps even be a model global citizen, a beacon of light and transparency, a Sovereign recognized and admired for its rigor and professionalism as it focuses on the Mission entrusted to it.

The gap between the aspiration and the practice Cardinal Pell faced at the Vatican could not have been more stark.

The cardinal found practices that were not based on any international standards and far from best practice. He found an extraordinary level of opaque customs with practices that in many instances did not appear to comply with canonical let alone civil norms and regulation.

The cardinal asked, quite correctly, why should Vatican entities be excused from canonical norms around administration, norms that Church administrators around the globe are meticulous in their compliance. Similar questions arose around the practices of disregarding or downplaying civil obligations, including compliance with specific treaties and international agreements signed by various popes over many years.

Clear change — and significant change at that — was needed if the objectives of sound economic and financial reforms were to be achieved.

## Pope Francis asks for a review

Soon after his election in 2013, Pope Francis commissioned a review of the economic and administrative structures, and asked Cardinal Pell to work on this review.

In early 2014 the Holy Father announced new structures — the Council for the Economy, the Secretariat for the Economy, and a new office of Auditor General. The Holy Father appointed Cardinal Pell as the Prefect and set the following objectives for the reforms and new structures:

1. Provide the Holy See, the Vatican City State, and all related entities with sound and consistent financial management policies, practices, and reporting.
2. Facilitate decision making at a local level and provide a clear framework for accountability of those entrusted with the resources of the Church.
3. Strengthen the planning process so that economic resources are allocated where they can be most effectively used.
4. Make available more economic resources for the mission of the Church, through enhanced economic and financial management.

The key principles set down for implementation were:

1. The policies and practices apply to all the entities of the Holy See and will need to be implemented at a local level.
2. The policies and practices will as far as possible be consistent with relevant international accounting standards and general accepted accounting and reporting practices.
3. The consolidated financial statements and budgets will be prepared consistent with international accounting standards and include each entity that satisfies the level of control.
4. The consolidated financial statements will be reviewed

by one of the "Big 4" audit firms (EY, KPMG, PwC, and Deloitte).

5. The Secretariat will seek input from entities and provide entities with training, guidance, and support in implementing new policies and practices and the budgeting process.

## Work commenced and so too the resistance to change

Work commenced with great vigor, professionalism, and in direct response to the objectives and principles set by Pope Francis for new economic and administrative arrangements. The cardinal led a team who worked tirelessly to advance the reforms.

One of his first tasks was overseeing the selection and recommendations of new board members for the Institute for the Works of Religion, otherwise known as the Vatican Bank. The new Board under the leadership of a new president led to substantial improvements in practices — including compliance with European Union regulations and "Know Your Customer" protocols.

There was some urgency to advance the reforms across the Vatican as the size and scale of the financial challenges had been identified. These included a forecast increase in the operating deficits that was running down cash balances, a significant deficit in the Vatican Pension Fund and an extraordinary number of poorly performing investments and underutilised assets.

Rather than collaborate with the cardinal, many in key leadership roles were as defensive as they were hostile to change. There was an extraordinary capacity to defend the indefensible and such little regard for the impact on the Holy See of continuing inefficient and opaque practices, in apparent scant regard to the duty a good steward owes to those who entrust resources to them.

Within six months of commencement, new financial management policies based on the International Public Sector Accounting Standards, or "IPSAS," for best practice and transparency had been signed into law by the Holy Father. This was a significant plank in the reform journey.

IPSAS statements are not the same as reports by private

corporations or international business. Rather, they focus on what resources exist, how they have been used, and the costs of various programs and initiatives. Used by governments and public sector bodies around the world the statements emerged in response to a need for improved reporting by governments worldwide, a process of enhancing accountability and transparency. At the time they were introduced in the Vatican, governments, agencies, and organizations that had adopted IPSAS or had plans to adopt include the United Nations System, the European Commission, Organisation for Economic Co-operation and Development, Switzerland, Spain, Council of Europe, and the Commonwealth Commission. In addition, the United States and Australia have standards broadly similar to IPSAS.

To support the adoption of IPSAS, Cardinal Pell recognized a need to embed the practices in daily work. He presented a set of Vatican Financial Management policies and practices to the Holy Father who approved their implementation, including the establishment of new routines for budgeting and accounting and training programs for staff.

The cardinal and his team also developed a complete list of Vatican entities (as required under international accounting standards) and sought to gather information about what assets and liabilities each had. In the end, more than two billion euro was found to be managed off the books.

A new financial planning and budget process was introduced which included submission of financial plan — an opportunity for each entity to outline its existing and proposed activities, its revenue and expenditure plans, and also the investments and other resources it controlled and managed. New procedures for the review and approval of Acts of Extraordinary Administration were introduced as we sought not just to comply with the canons but to ensure the "four eyes" principle was embedded.

This work highlighted deep challenges facing the Vatican — particularly its longer-term income and investment streams but also around several large and disturbing transactions.

Transparency is an antiseptic and as often happens when applied to a wound — particularly one with deep infection — it stings.

The resistance to transparency, particularly from the Secretariat of State and the Administration of the Patrimony of the Apostolic See at times was hostile, threatening, and designed to intimidate the reformers and frustrate progress. Sadly, this continued for some time and as has been reported in the current trials involved practices that were not just unethical but (in all likelihood) also illegal.

The departure of Cardinal Pell to Australia to face charges which were ultimately dismissed by Australia's highest court, and the brutal removal of the Auditor General were significant events that slowed momentum and arguably the will to pursue the economic reforms. Reports that these events were celebrated by some are cause for deep concern among advocates for economic reforms.

Nearly ten years after this work of reform began, it is worth reflecting on just how effective those who resisted the economic reforms have been.

1.  The mandate of the Secretariat for the Economy has been significantly narrowed from that foreseen and established by Pope Francis in 2014. The number of entities subject to the financial regime and rigors has been substantially reduced. The staffing is still well below what was foreseen and what is necessary.

2.  While in 2021 the statements included an increased number of entities, it is still well short of the total and well short of the number of entities that used to fall within the remit of the Secretariat for the Economy and the Auditor General.

3.  The external audit was terminated in spectacular fashion and by a party not involved in the appointment.

4.  Progress against the rigors of IPSAS and the Vatican Financial Management Policies, including asset valuation, consolidation principles, and more, is unclear.

5.  The "four eyes" principle and the rigors around major trans-actions appear to have been devalued, in no small part due to the exclusion of many entities and to ensure convenience.

It is worth pondering whether the culture has really changed and whether current matters before the Vatican Tribunal might ever have seen the light of day, given the current arrangements. The recent suggestion by one senior cardinal working in the Holy See that all the troubles and embarrassment of the current trials could have been avoided if only the Holy See had not started on the road to transparency — in other words, the economic reforms, not the errant behaviour, created the issues.

## Key principles for the future work in economic reforms

Nearly ten years after this work of reform began, while the resistance has been effective at slowing things down, it has not been able to turn things back.

Certainly, there have been some setbacks but there is greater visibility on major transactions and the chances of detection of any wrongdoing have increased enormously.

The following key principles should underpin priorities and the work of reform in the years ahead:

1. The task of economic reform is not optional. Vatican leaders owe it to all they serve to implement best practice in administration.

2. The task is far from done. Indeed some worrying signs have emerged where core objectives and principles seem to have been set aside or watered down.

3. Once you start there is no turning back — forgetting the rules of the old game is just as hard as learning the rules of the new. It is a long-term project and despite setbacks the Vatican needs to stay the course. Indeed a new commitment to the objectives and principles outlined in 2014 is required.

4. Transparency and international standards provide a good benchmark to make sure the Vatican (and its stakeholders, including its many donors) are clear as to how well the assets are being administered.

5. Through improved management of economic affairs, the Vatican can better support the mission, the poor and the vulnerable. A small improvement in efficiency or investment returns can make a big difference to the good works that can be undertaken. It is a very practical way the financial challenges facing the Vatican.

6. The Church is not and will not be a business, but it can be business-like in its administration — indeed it is called to be.

Cardinal Pell indicated at a press conference early in the journey of economic reform that the aim of the economic reforms is to be "...boringly successful..."

As the faithful around the world read the scandals and mismanagement being played out in the Vatican Tribunal two thoughts come to mind: there can be no more excuses, and clearly, we have some way to go.

# On the death, requiem, and courage of George Cardinal Pell

*George Weigel*

"For God's sake let us sit upon the ground
And tell sad stories of the death of kings"
*Richard II*

George Cardinal Pell, who died suddenly of cardiac arrest following a successful hip replacement operation on 10 January 2023, would scorn the notion that he was any sort of king, or even a prince — though he was, in fact a Prince of the Church and, in the hearts of many Catholics, the titular leader of dynamic Catholic orthodoxy after the death of Pope Emeritus Benedict XVI. Notwithstanding his guffaws from his present station in the Communion of Saints, however, George Pell was every bit as tremendous a figure in contemporary Catholicism as the kings whose death Richard II lamented in Shakespeare's incomparable language. How so? Let me count some of the ways:

Virtually single-handedly, Pell stanched the doctrinal and disciplinary bleeding in Australian Catholicism that would likely have led that local Church to become a less-well-funded simulacrum of apostate German Catholicism.

He was the driving force behind the revision (and vast improvement) of the English translations of the prayers of the Roman Rite, which are now more elegant and prayerful, and more faithful to the Latin originals.

He played a significant role in the election of Joseph Cardinal Ratzinger as Benedict XVI and then brought that pope (with whom he had worked when Ratzinger was Prefect of the Congregation for the Doctrine of the Faith) to Sydney for World Youth Day 2008: an event that had a percussive effect Down Under similar to what happened to Catholicism in the United States after World Youth Day

1993 — which is to say, it transformed the New Evangelization from a slogan into an ecclesial grand strategy with real, on-the-ground pastoral effects.

He was the most visible opponent of dictatorship of woke relativism in Australian public life, a vigorous opponent of what John Paul II dubbed the "culture of death" and its embrace of abortion and euthanasia, an intelligent critic of "new atheists" like Richard Dawkins, and the scourge of prophets of catastrophic, anthropocentric climate change like Bill McKibben.

He played a central role in challenging the way the staff of the Synod of Bishops tried to rig the 2014 meeting of that body — and then tried again at the Synod of 2015.

He inspired a generation of younger Australian priests and bishops to be the good shepherds they were ordained to be, armoring their flocks against the toxicity of the post-modern deconstruction of the human and challenging all the baptized to be agents of building a culture of life through the power of the Gospel.

He lived the good shepherd's life he asked others to live, inviting thirty homeless people to morning tea in his archiepiscopal residence on one occasion and going out into the streets to eat with the homeless once a month — and without bringing a camera crew with him.

He spoke truth to media power and scorned the brutal calumnies to which he was subjected by most of the Aussie press, including the government-funded Australian Broadcasting Corporation. And on the rare occasions when he was afforded the opportunity to make his own arguments, he gave as good as he got, with force but also a good humor his often-frothing adversaries singularly lacked.

After being called to Rome by Pope Francis, Cardinal Pell made headway against the financial corruption of the Holy See, thoroughly reforming the Vatican Bank and identifying further reforms necessary to ensure the Vatican probity and solvency — until the support he had counted on from the highest authority disappeared.

He faced down the vicious, malfeasant manipulation of the criminal justice system in the Australian state of Victoria, which cost him 404 days in prison in solitary confinement before he was triumphantly acquitted of implausible charges of "historic sexual abuse" by the High Court of Australia (which essentially said, of the trial jury that convicted him and the majority on the appellate panel that upheld the conviction, that they had acted irrationally). In winning his case, and despite enormous suffering, George Pell helped save what remains of the rule of law in the country he cherished — and left behind three volumes of prison diaries that have become a contemporary spiritual classic, giving solace to people all over the world.

### The Roman Requiem

After a day of visitation in the little Church of St. Stephen of the Abyssinians behind St. Peter's, where friends could come and pray by his casket and sprinkle it with holy water (a lovely Italian custom), Cardinal Pell's Requiem Mass was celebrated on 14 January 2023 in the apse of the Vatican Basilica, beneath Gianlorenzo Bernini's colossal bronze masterpiece, the *Altar of the Chair*. Non-papal liturgies, including cardinals' requiems, are always celebrated in that large space. But veterans of such events said that the congregation who assembled to bid farewell to George Pell, and to beg the Father of mercies to take his servant into the embrace of the Trinity, was the largest they had ever seen. Shortly before the Mass began, the *Sanpietrini*, the basilica work force, were frantically setting up chairs behind the pews in the vast apse, the pews having long since overflowed. And thus the congregation filled the entire area between the *Altar of the Chair* and another Bernini triumph, the *baldacchino* over the papal high altar beneath the basilica's great dome. As one of the cardinal's longtime collaborators said, "When people fly in from all over the world on short notice, something is being said."

The Requiem Mass was celebrated by Cardinal Giovanni Battista Re, the Dean of the College of Cardinals, with dozens of cardinals and bishops concelebrating and others present "in choir." Among the concelebrants were the two most refractory opponents of Pell's financial reforms, Cardinal Domenico Calcagno and Cardinal Giovanni Angelo Becciu (whose dispatch of Vatican funds to Australia during Pell's judicial purgatory has never been satisfactorily explained, and who issued a smarmy, self-serving statement on Pell's death). Then there was Cardinal Michael Czerny, SJ, whose doctoral dissertation, "Feuerbach the Teacher and Marx the Prophet: An Introduction to Religion," Pell, the scholar with the Oxford doctorate, had read and found appalling. More fittingly, the concelebrants included many men who esteemed George Pell: their number included the retired Vicar of Rome, Cardinal Camillo Ruini; the American cardinals Raymond Burke, James Harvey, and Edwin O'Brien; and the nonagenarian Nigerian Francis Arinze. The only non-episcopal concelebrant was Pell's most recent priest-secretary, Father Joseph Hamilton.

Cardinal's Re's homily described the deceased cardinal as "a man of God and a man of the Church" who was "characterized by a deep faith and great steadfastness of doctrine, which he always defended without hesitation and with courage, concerned only with being faithful to Christ." And while that might have sounded to some ears like ecclesiastical boilerplate, in this instance it wasn't. It struck me as quite sincere, because Pell and Re respected each other and had worked together on more than one occasion to forestall what they believed would be catastrophic decisions by the present papal administration. The Gospel reading at the Requiem was equally apt, given the circumstances of the cardinal's death, as Luke 12 records the Lord praising the "servants whom the master finds vigilant on his arrival." Nor did the Cardinal Dean miss the mark when he noted that George Pell was a "strong-willed and decisive protagonist" notable for a "strong character." What Cardinal Re might have added was that, unlike his journalistic, political, and ecclesiastical opponents, Pell, while fighting hard, always fought fair.

As is customary on these occasions, the pope celebrated the last part of the liturgy, the Final Commendation and Farewell, after being wheeled into the apse of the basilica and then gotten into a portable chair. Looking poorly, Pope Francis nonetheless commended the deceased to the mercy of God and, after he was wheeled-chaired out of the apse, paused a moment to receive Cardinal Pell's brother David, who said to Francis of his sibling, "He was your friend." The pope patted David Pell on the shoulder.

The only undignified moment in the Requiem came at the very

end, when six *Sanpietrini* stood around the casket, seemingly not knowing what to do next. Reinforcements arrived, and the heavy casket bearing the mortal remains of Cardinal George Pell, a large man in every respect, was borne out of St. Peter's as the congregation spontaneously burst into sustained applause and thus rendered its own judgment on a large life.

## The Last Testaments, so to speak

Preaching in 1998 at the funeral Mass of his friend and mentor, the fiercely anticommunist and robustly Catholic Australian labor leader, B. A. Santamaria, then-Archbishop Pell of Melbourne said, "We are told that the sure mark of a false prophet is that all people speak well of him. In death, as in life, Bob Santamaria has triumphantly escaped such a fate." The same could be said for George Pell. And anti-Pell calumnies multiplied as the proponents of Catholic Lite wrestle with two documents that will, fairly or not, be regarded as the cardinal's last testament.

The first, an article, appeared in the London *Spectator* days after the cardinal's death and was a biting critique of the working document for the Synod on Synodality.

The language of Pell's critique was unsparing: the Synod process has turned into a "toxic nightmare" in which the bishops, normally thought to be the protagonists of a Synod *of Bishops*, have been effectively sidelined; moreover, the working document for the continental phase of the Synod is an "outpouring of New Age good will" that is "hostile in significant ways to the apostolic tradition and nowhere acknowledges the New Testament as the Word of God, normative for all faith and morals." The cardinal was also deeply concerned that the chief Relator (or leader) when the Synod meets in October 2023 is scheduled to be Luxembourg's Cardinal Jean-Claude Hollerich, SJ, who has "publicly rejected the basic teachings of the Church on sexuality on the grounds that they contradict modern science;" "in normal times," Pell continued, "this would have meant that his continuing as Relator was inappropriate, indeed impossible."

Caricatures notwithstanding, George Pell was no authoritarian (unlike some of those leading the Synod process). In his *Spectator* article, he freely concedes the "failings of bishops, who sometimes do not listen…and can be clericalist and individualist." But Christ mandated that his Church be governed by bishops who, as Pell wrote, have been, "since the time of St. Irenaeus of Lyon…the guarantor(s) of continuing fidelity to Christ's teaching, the apostolic tradition." And that is the bottom-line question throughout the entire, often-flabby discussion of "synodality" in the contemporary Church, whether those discussions involve the German Church's "Synodal Path" or this Synod on Synodality in its sundry phases: Is divine revelation real, authoritative, and binding over time, or does our contemporary experience authorize us to modify, adjust, or even dispense with what comes to us through the Bible and the apostolic tradition?

The second of these "last testaments" is actually an earlier document, a comprehensive critique of the present pontificate, first published last March on the *Settimo Cielo* blog of veteran Vaticanista Sandro Magister, the author being pseudonymously identified as "Demos."

The day after Cardinal Pell's death, Magister stated on his blog that "Demos" was in fact George Pell. Judging from both the text and my own conversations with the cardinal, it seems to me likely that the document was the result of conversations among more than a few members of the College of Cardinals, conversations for which Cardinal Pell was likely the final redactor.

The "Demos" manifesto is less of a polemic than the *Spectator* article and lays out the case against the present direction of papal policy and action in several categories: theological/doctrinal, legal, and administrative. The manifesto deserves close, careful reading, so only a few summary points will be mentioned here.

1.  The present papal administration seems unclear about the nature of the Petrine Office in the Church. It is fine for this pope or any pope to encourage young people to "make a mess" in trying new ways to bring Christ to others and to serve the marginalized. But the papacy does not exist to make a mess. As "Demos" puts it, "Previously, the motto was *Roma locuta. Causa finita est.* (Rome has spoken. The cause is over.).

Today it is: *Roma loquitur. Confusio augetur.* (Rome speaks, confusion grows.)."

2. There is a marked Christocentric deficit in Church teaching today. This is manifest in many ways, not least the "systematic attacks" on the "Christocentric legacy of St. John Paul II" manifest in the dismantling of the Lateran University's John Paul II Institute on Marriage and the Family (now bereft of students), and the attacks on John Paul's teaching in *Veritatis Splendor* in several Roman academic venues and in the Pontifical Academy of Life.

3. Lawlessness rather than justice currently characterizes Vatican administrative and judicial practice. "Demos" even criticises the fact of Cardinal Becciu's being "removed from his office" and stripped of many of his privileges "without any evidence" and without "due process." The same could be said for the way in which this pontificate dealt with the archbishop of Paris and the bishop of Arecibo in Puerto Rico. Lawless acts in the Vatican during the present pontificate, including wiretapping and seizures of property, are not uncommon.

4. The constant use of the *motu proprio* as an instrument of papal governance is akin to the excessive use of executive orders by presidents of the United States and betrays a certain autocratic approach to governance.

5. Vatican finances remain in serious trouble, in terms of financial process within the Holy See, investment policy and practice, and a vast, unfunded pension liability.

6. The moral authority of the Holy See in world affairs is "at a low ebb," thanks to the Vatican's current China policy and its analogues in the Vatican approach to other authoritarian countries, in which "dialogue" has replaced clear moral witness and the robust defense of persecuted Christians.

The "Demos" document then concludes by outlining what will be required of the next conclave to elect a pope.

Serious people in the Church will focus on the question of whether these texts accurately describe the current Catholic situation. Let the critics demonstrate the opposite.

## "Be not afraid"

Benedict XVI's death was a sadness, but the sorrow was bearable because his death had been expected for years. George Pell's death struck those who looked to him for leadership in the current Catholic circumstance like a hammer blow. His friends feel deprived of a source of wisdom, strength, and, yes, joy, for Cardinal Pell was immense fun. And, it must be said, the cardinal who, perhaps more than any other, put spine into his fellow cardinals has been taken from the scene; so what is the Lord saying? Perhaps it might be suggested that the message being conveyed is this: It's time for others in the College of Cardinals to step up and display the grit and fortitude that was a hallmark of George Pell's service to the Church.

On being nominated bishop, Pell took as his episcopal motto John Paul II's signature phrase from the homily at his inaugural Mass of October 22, 1978: Be not afraid. Living that injunction in his own life, George Pell helped many, many others to live, not so much without fear but beyond fear — to face our challenges in the sure knowledge that it is Christ who has triumphed over sin and death, and Christ who is ultimately in charge of the Church. Our task is to conform our lives, teaching, and action to those fundamental realities of the Christian life.

It is, in truth, a fearful time in the Catholic Church, no more so than in a Vatican in fear came to dominate the atmosphere under Pope Francis. With the embodiment of Catholic fearlessness, Cardinal George Pell, having gone to his eternal reward, those of us who loved him and were fortunate enough to have collaborated with him must now live that fearlessness and call others to it — especially with those charged with providing the Church its future papal leadership.

# The right to receive the secret of life and death

*George Cardinal Pell*

We believers know well the blessings we have received in Jesus Christ. We know "The people who lived in darkness have seen a great light, and those who lived in regions of the shadow of death, there a light has arisen" (Isaiah 9:1).

We know Jesus's call, through the Baptist, to conversion: "Repent, because the kingdom of God is near" (Mt 4:17), but we older Catholics, or rather, adults, are also blessed because we have lived, in almost forty years, in the time of John Paul II and Benedict XVI.

These years have been pivotal for all of history. The papacy of John Paul II, one of the greatest popes in the history of the Church, not only for his role in the collapse of communism, but also for the entire Western world because, after Vatican Council II, the churches in Holland and Belgium collapsed radically — with the danger that this collapse could be even more extensive. I believe that John Paul somehow stabilized the Church in the Western world.

For all these reasons, in these days, we are not celebrating the end of an era but we are celebrating the contribution of these two great popes. We believe that this tradition must continue in the Church of tomorrow. Not that this is the only condition — it must not be a monopoly — in fact, there are many other good conditions. But this one has given a special contribution to the whole Church and, above all, to young people. In fact, many young people followed Pope John Paul II and Pope Benedict XVI.

What are the elements of this heritage of Wojtyla and Ratzinger?

1. They were true Christians.

They understood that the secret of life and death are present in the life and teaching of Jesus Christ. They were missionaries of the truth. We don't build the truth. We don't have the ability to change the truth. We can only acknowledge the truth, and sometimes the truth isn't all that pretty. Sometimes the truth is disconcerting, difficult.

These two popes did not affirm that the teaching of Jesus was conditioned by the time, by the Roman Empire, by the pagans. They did not claim that the essential and central teaching should be updated, radically changed. They didn't say: "We don't know what Jesus said because there were no tape recorders." They accepted the teaching of Jesus as it has come down to us. As for them, and also for us, Jesus remains the way, the truth, and the life.

2.  They were optimistic.

They believed that Christian communities and the teaching of Jesus are a great help to live well. Jesus didn't come among us to make us suffer; they believed only in the Christian virtue of hope.

The English writer G.K. Chesterton writes: "The virtue of hope is only possible when there is no human hope." These two popes did not believe this; because the world is better, instead, when we follow the teaching of Jesus.

Families stay together, they are happier, communities are better behaved, they follow the law. And in a Christian world, families are stable, young people are less fragile, they are spiritually and psychologically stronger.

As Christians we have something good to offer the world: the cross is not too heavy.

We Christians know that we must love one another, we must follow the precepts that Jesus gave. "Whoever keeps His commandments remains in God and God in Him" (1 Jn 3:23).

There was an atheist English philosopher who said that the Ten Commandments are like a final exam — you just need to be able to live well six out of the ten. But no, we must try to follow them all!

We know that our life is a struggle against selfishness. These two popes lived during the years of World War II — Wojtyla lived under communism — and they understood the importance of fighting against our selfishness. They knew how to distinguish between the spirit of truth and the spirit of error.

3. They understood the importance of the sacraments and, especially, of the Eucharist.

The Eucharist is not only a horizontal celebration but it is an act of prayer, of adoration. Like this morning, when we began with prayer by placing God at the centre. It must be like this, because God is transcendent, out of all our experience — out of our world. The vertical dimension of religion is essential.

4. They understood the role of Peter's successor in the life of the Catholic Church.

We Catholics must remember that the universal unity of the Church is not something that can be taken for granted or is facile. It is a very precious gift that we must be careful to keep so as not to damage it. Charismatic communities must understand the need to maintain unity.

We find the teaching for every man written in the 16th chapter of Matthew and in John 2: Peter is the "man of rock," foundation of the Church. His task is to protect and defend the apostolic doctrine.

These two popes understood well that we are not the teachers of the apostolic doctrine; we are the defenders. We serve and respect this precious rule of faith.

All Catholics of any age throughout the world also have the right to receive the same teaching Jesus and the apostles gave in the early years of Christianity. This is Catholic doctrine.

Both popes were men of courage, but at the same time, prudent: there is a time to speak and a time to keep silent, but courage is always essential.

One might think that, in the future, there may be popes from Asia or Africa. Today we have a pope from South America: *bravo e buono*.

These two popes were, instead, Europeans — examples of men with profound knowledge of the high culture of the Western world. They knew the theology and philosophy of the Church well, and had great abilities to dialogue with the best atheists in today's world. This is important and useful.

Both understood the importance for all of us in the Church to help the suffering, the sick, the tormented, possessed, epileptic, paralyzed, the physically and spiritually lame — this is the task of the church: *Caritas in Veritate.*

Let us thank God for these two popes and pray that their legacy may continue into the future.

**George Cardinal Pell delivered this homily on 7 January 2023 in Italian to the charismatic Magnificat Dominium Community in San Giovanni Rotondo, Italy. It became his last public homily.**

# George Pell, un martire bianco

*Cardinale Oswald Gracias*

Il rosso porpora dell'abito cardinalizio rappresenta una chiamata, come viene detto con chiarezza a tutti i nuovi cardinali durante il concistoro: "Perché dovete essere disposti a comportarvi con fortezza, *usque ad effusionem sanguinis* – fino allo spargimento del sangue."

Da giovane seminarista avevo sentito parlare di József Mindszenty di Strigonio-Budapest, di Josef Beran di Praga, di Josyf Slipyj di Leopoli. Questi cardinali, veri "giganti", furono imprigionati ed esiliati. Alcuni di essi sono già stati beatificati, come il cardinale Alojzije Stepinac di Zagabria ed il cardinale Stefan Wyszyński di Varsavia. Ho letto le loro storie e ammirato da lontano la loro testimonianza.

Oggi desidero aggiungere a questo elenco George Pell, un collega, un amico ed un fratello nel Collegio cardinalizio, che ha vissuto in modo esemplare la missione cardinalizia della fortezza.

La sua ingiusta condanna in Australia, frutto di una campagna di diffamazione nei suoi confronti, è stata un "martirio bianco" di 404 giorni in isolamento, durante i quali gli è stata persino negata la possibilità di celebrare l'Eucaristia. La testimonianza di quel calvario, raccolta nei tre volumi del suo diario di prigionia, è la riprova che nessuna cella per quanto piccola può tenere rinchiusa una grande anima. I suoi diari, animati dalla speranza cristiana e dalla magnanimità verso i suoi persecutori, rappresentano una preziosa aggiunta al corpus della letteratura carceraria di ispirazione cristiana.

La sua morte improvvisa e inaspettata – avevamo avuto un incontro solo pochi giorni prima – priva la Chiesa di una voce chiara e coraggiosa.

Sono quindi grato ai curatori del presente volume in memoria del cardinale Pell e sono felice di raccomandarlo ai lettori con la mia introduzione.

Al momento della sua morte, aveva già superato gli 80 anni e si era ritirato da tutti gli incarichi ufficiali. Tuttavia, il cardinale Pell partecipava appieno alla vita della Chiesa con il suo prezioso contributo. In vero, l'effetto purificatore della sua ingiusta prigionia conferisce ai suoi pensieri una maggiore gravità ed una più ampia risonanza. Dovremmo ascoltare con attenzione la testimonianza e le riflessioni di colui che è stato un martire bianco.

Anche prima della testimonianza dei suoi ultimi anni, il cardinale Pell ha avuto un impatto insolitamente significativo sulla vita della Chiesa universale, in aggiunta al suo singolare ruolo in Australia – l'unico ecclesiastico che abbia mai servito sia come arcivescovo di Melbourne sia come arcivescovo di Sydney.

Negli anni '90, da giovane vescovo ausiliare, fu nominato membro della Congregazione per la Dottrina della Fede. In tale ambito nacque la sua collaborazione con il cardinale Joseph Ratzinger, che in seguito avrebbe accolto come Papa Benedetto XVI a Sydney in occasione della Giornata Mondiale della Gioventù del 2008.

Nel 2001, la Santa Sede costituì il Comitato Vox Clara, composto da vescovi del mondo anglofono, con il compito di svolgere un'opera di consulenza per una nuova traduzione del Messale Romano. George Pell, non ancora cardinale, fu nominato presidente ed io – allora ad Agra come arcivescovo – svolgevo il ruolo di vicepresidente. È così che è nata la nostra stretta collaborazione ed amicizia.

Vox Clara aveva un obiettivo incredibilmente ambizioso: contribuire a realizzare una traduzione definitiva della Santa Messa per tutti i cattolici di lingua inglese del pianeta. La traduzione che ne è risultata – accurata, accessibile e degna del culto divino – ha rappresentato una delle più importanti riforme liturgiche degli ultimi cinquant'anni. Il cardinale Pell ha avuto il merito di ricondurre un comitato eterogeneo ad unità in nome della *lex orandi* della Chiesa.

Oggi, che ci si trovi a Ballarat, città natale di Pell, nella Cattedrale di San Matteo Apostolo di Washington, dove ho celebrato più volte l'Eucaristia, o nelle nostre chiese di Mumbai, durante la Messa i cattolici elevano tutti le stesse preghiere. L'unità nel culto tra continenti e culture diverse è stato un risultato straordinario. Pochi prelati hanno approfondito la comunione ecclesiale come hanno fatto il cardinale Pell ed il Comitato Vox Clara.

Dopo dieci anni di intenso lavoro, riunioni impegnative, ampie discussioni, profondo coinvolgimento del Dicastero vaticano ed autentica collaborazione tra tutti i membri per il raggiungimento di un obiettivo comune, è stato completato il progetto di una traduzione in lingua inglese, teologicamente ineccepibile, del Messale Romano. Il cardinale Pell è stato la nostra guida, saldamente al timone. Sotto la sua direzione, abbiamo assolto il nostro compito.

Sono rimasto felicemente sorpreso quando nel 2013 siamo stati chiamati ad una collaborazione ancora maggiore, e Papa Francesco ci ha nominato entrambi membri del Consiglio dei Cardinali, costituito da otto porporati scelti dai vari continenti per consigliare il Papa su questioni diverse. Ci riunivamo cinque volte all'anno e ogni incontro durava tre giorni. Perciò, si è trattato di un impegno intenso, in quanto discutevamo con il Santo Padre la riforma della Curia romana ed altre questioni riguardanti la Chiesa universale su cui il Santo Padre desiderava ascoltare il nostro parere.

Il cardinale Pell rappresentava una voce autorevole a sostegno della riforma. Comprendeva che una *ecclesia semper reformanda* era necessaria proprio perché la Chiesa potesse approfondire la sua vera identità, donatale da Gesù Cristo. Nei nostri incontri era amichevole e franco. Pell parlava con forza ma sempre con rispetto fraterno. A volte non eravamo d'accordo, ma questo non diminuiva il rispetto e l'affetto che nutrivamo l'uno per l'altro. Avevamo a cuore lo stesso obiettivo ed entrambi ne eravamo consapevoli. Egli insisteva sul fatto che ogni autentica riforma dovesse essere radicata nella verità del Vangelo, senza la quale la comunione avrebbe ceduto il passo alla confusione.

Papa Francesco si accorse delle qualità e della competenza di Pell e non tardò a nominarlo primo Prefetto della Segreteria per l'Economia, affidandogli l'arduo compito di rimuovere ogni traccia di cattiva amministrazione dei beni temporali della Chiesa, aumentando la trasparenza, promuovendo buone politiche finanziarie e strategie di pianificazione per amministrare in modo competente le risorse materiali della Santa Sede.

In tempi recenti, a quanti altri vescovi è stato affidato un ruolo di leadership a livello di Chiesa universale in relazione a progetti così diversi come la traduzione del Messale Romano e lo sviluppo di nuovi protocolli per le finanze vaticane?

La storia della riforma finanziaria è ancora in divenire. Alcune delle prime iniziative di Pell sono state fraintese. Il tempo ha dimostrato che aveva operato nella giusta direzione.

Nei quindici anni durante i quali ho lavorato a stretto contatto con il cardinale Pell, non sempre sono stato d'accordo con lui e lui non si è sempre trovato d'accordo con me. E nemmeno se lo aspettava. Era un uomo onesto che diceva ciò che pensava, senza paura e con franchezza. E quando si convinceva – come ho avuto modo di osservare in occasione di vari sinodi dei vescovi – che gli insegnamenti di Gesù erano in pericolo, si esprimeva con passione e forza. Ha offerto un servizio importante, quello di portare alla luce alcune problematiche ai suoi fratelli vescovi, al Santo Padre e a tutta la Chiesa. Il suo è stato un contributo prezioso che non poteva essere ignorato.

Arcivescovo di due importanti sedi, traduttore di testi liturgici, organizzatore della Giornata Mondiale della Gioventù, riformatore della curia, direttore finanziario e consigliere papale – egli è stato in grado di svolgere tutti questi ruoli emergendo allo stesso tempo come voce di primo piano in seno alla Chiesa cattolica in Australia, negli Stati Uniti, nel Regno Unito ed oltre. Forse, nel 2016, al compimento del 75° anno, avrà pensato che il suo servizio fosse pressoché giunto al termine.

Tuttavia, Pell aveva ancora un'ultima grande testimonianza da rendere. Nel 2017 gli furono mosse accuse per abusi sessuali, accuse del tutto infondate alla luce dettagli emersi, come ho percepito chiaramente fin dal primo giorno. Sono stato quindi molto sorpreso dal modo in cui si è svolto il suo processo. In quell'anno si trovava a Roma, al sicuro ed in un ambiente a lui congeniale, ma decise di tornare per affrontare il processo. Era un guerriero! Poco meno di tre anni della sua vita si sarebbero consumati in un'azione giudiziaria che destò grandi perplessità, come ammesso anche dai suoi critici più feroci. Quella esperienza terribile è terminata con il proscioglimento da ogni accusa da parte dell'Alta Corte australiana.

Mi sono sentito assolutamente sollevato dal fatto che finalmente era stata fatta giustizia. Ma l'uomo Pell doveva aver sofferto molto. Sono rimasto stupito quando pochi mesi prima della sua morte, durante la sua visita a Mumbai, nelle nostre lunghe chiacchierate non ho notato in lui la minima traccia di amarezza. Non poteva che essere il frutto della grazia e della nobiltà della sua natura. Durante le nostre conversazioni ho cercato l'occasione di esprimergli la mia empatia, per dirgli che comprendevo il suo dolore. Ma non ne aveva bisogno. Il passato era passato.

I funerali del cardinale Pell nella cattedrale di Santa Maria di Sydney sono stati un addio sublime ad uno dei più alti prelati australiani e, allo stesso tempo, una drammatica rappresentazione della via Dolorosa, con i manifestanti che lanciavano insulti contro il suo feretro. Una nuova epoca di martirio bianco per la Chiesa.

Molti in quel corteo funebre si sono sentiti rafforzati dall'eco negli orecchi e nel cuore del motto episcopale del defunto cardinale, "Non abbiate paura", ripreso da Papa San Giovanni Paolo II, che a sua volta citava il Signore.

Quando fui creato cardinale, nel novembre 2007, Papa Benedetto ci parlò della missione del cardinale alla luce della Prima lettera di Pietro 3,15-17: "Adorate il Signore, Cristo, nei vostri cuori, pronti sempre a rispondere a chiunque vi domandi ragione della speranza che è in voi. Tuttavia, questo sia fatto con dolcezza e rispetto, con una retta coscienza, perché nel momento stesso in cui si parla male di voi rimangano svergognati quelli che malignano sulla vostra buona condotta in Cristo. È meglio infatti, se così vuole Dio, soffrire operando il bene che facendo il male."

George Pell, che era stato creato cardinale nel concistoro del 2003, avrebbe sicuramente sentito vicine queste parole. Nel disegno della Provvidenza divina, la sua sofferenza è stata la sua opera più grande. Nelle pagine del presente volume il cardinale Pell ci parla un'ultima volta. Faremmo cosa saggia ad ascoltarlo e ad essergli grati, come lo sono io, per il tempo che abbiamo trascorso insieme nella vigna del Signore.

Mi rammarico solo che il nostro ultimo incontro, pochi giorni prima della sua morte, sia stato troppo breve. Avrei potuto imparare di più, e trarne maggiore ispirazione. Si è unito alla schiera dei grandi cardinali che hanno dato tutto per la Chiesa, come discepoli del Signore. Mi mancherà un caro e saggio amico!

# Pell *contra mundum*

## Don Robert A. Sirico

**Prefazione**

Chiunque guardi e rifletta seriamente sullo stato della vita pubblica di oggi, non può non avvertire una grande disperazione di tante persone in tutto il mondo che affrontano le incertezze economiche, la disgregazione della famiglia, la crescita ciclopica del potere del governo, l'allarmante disprezzo per la vita umana, e molto altro ancora. Tutte queste difficoltà riconducono, dal punto di vista teologico, a una crisi ancora più acuta: una crisi antropologica. Questa crisi è molto più profonda di quello che si può vedere nei programmi televisivi. L'antropologia in crisi discussa qui è una profonda incomprensione su chi sia la persona umana come essere plasmato nell'imago Dei, il cui destino ultimo culmina al di là di questo mondo.

Sono molto grato di aver potuto trascorrere un bel po' di tempo con il cardinale George Pell nei suoi ultimi mesi di vita. Parlavamo spesso e approfonditamente di queste gravi questioni concentrandoci su quanto si poteva fare per ricondurre alla ragione il nostro mondo e la nostra Chiesa.

Non voglio dare ad intendere che parlo a nome di una persona che non può più parlare per sé stessa. Tranne quando lo cito direttamente, i pensieri che espongo qui sono i miei. Li offro per ripagare un debito – un grande debito – che sento di avere nei confronti di questo Principe della Chiesa. Il cardinale Pell è stato per me un mentore, un fratello e un padre per oltre un quarto di secolo. È stato un consigliere onesto e saggio quando ne ho avuto bisogno, e un critico lucido quando ha ritenuto che me lo meritassi. È stato anche un sostegno per me, sia nel mio lavoro pastorale sia nel mio lavoro con l'Acton Institute, come lo è stato per molti altri.

Ho fatto parte di un piccolo gruppo di persone che hanno spezzato il pane con il cardinale Pell la sera del funerale di Papa

Benedetto XVI, di felice memoria. Era il 5 gennaio. Il cardinale Pell sarebbe passato all'eternità pochi giorni dopo.

### L'ultima domanda di Pell alla Chiesa, e a tutti noi

Il cardinale George Pell non era il tipo di persona che, entrando in una stanza, passava inosservata, né ha vissuto la sua vita così. E questo non per il suo metro e novanta di statura. Egli sovrastava la maggior parte di noi in modi che andavano oltre il fisico. Una caratteristica che a volte infastidiva certe persone.

Negli ultimi tempi, il cardinale Pell era sempre più preoccupato per la direzione e l'amministrazione della Chiesa universale e, come da sua abitudine, esprimeva queste inquietudini apertamente.

Il "processo sinodale" in atto era una delle sue preoccupazioni. Trovava i discorsi sul processo sinodale ambigui, confusi e pericolosi.

Pell si opponeva con forza all'attuale orientamento del processo sinodale in quanto lo riteneva addirittura ostile alla tradizione apostolica e all'insegnamento normativo di questa stessa tradizione sulla fede e sulla morale nel corso degli ultimi 2000 anni. Questa, come si può immaginare, non era una rivendicazione superficiale, soprattutto in quanto rivolta al prelato lussemburghese responsabile del processo. Il cardinale Pell ha persino dichiarato che quell'ultimo aveva pubblicamente ripudiato l'insegnamento della Chiesa, e chiese il suo allontanamento.

Naturalmente, dibattiti infuocati hanno attraversato i sinodi e i concili della Chiesa sin dai tempi del Concilio di Gerusalemme fino al Concilio Vaticano II e sono nuovamente sorti, in forme più radicali, nell'attuale processo sinodale che ha occupato i pensieri del cardinale Pell nei suoi ultimi giorni.

La questione fondamentale che Pell ha cercato di sollevare in quegli ultimi tempi si riduce a questo: La Chiesa esiste in virtù di un mandato divino, di un deposito della fede affidato agli Apostoli e destinato fin dal principio ad essere tramandato fedelmente di generazione in generazione, intatto? Questo è sempre stato l'assunto cristiano; è quanto affermano i documenti del Concilio Vaticano II (in realtà, tutti i Concili); è quanto insegna il Catechismo della

Chiesa, ed è la fedeltà promessa nei nostri battesimi e – per alcuni di noi – nelle nostre ordinazioni.

Tuttavia, sorge una domanda alternativa e cioè se si possa affermare che la Chiesa è essenzialmente un processo comunitario aperto, in cui le intuizioni e le esperienze di ogni generazione devono essere fatte valere su quel deposito, che la comunità dei credenti porta con sé e che può modificare ciò che la Chiesa è, così come i suoi presupposti fondamentali, e può persino scavalcare qualsiasi dottrina fissa, definita, statica o rigida stabilita in precedenza.

Si tratta di capire se la dottrina fondamentale della Chiesa è qualcosa che si eredita e si tiene in custodia o se è qualcosa che viene continuamente inventato e reinventato.

Non sono domande facili ma molto complesse, e sono queste domande che hanno attirato San John Henry Newman verso la Chiesa.

Newman fu una delle figure di spicco della Chiesa d'Inghilterra nel XIX secolo; la sua prosa vittoriana e approfondita conoscenza della patristica gli valsero il rispetto e l'ammirazione di molti suoi contemporanei. Le sue riflessioni avrebbero portato a una riscoperta della cattolicità tra gli anglicani, spingendo molti di loro a entrare nella Chiesa romana, fenomeno diventato noto come Movimento di Oxford.

Nel 1845, Newman stesso sarebbe diventato membro della Chiesa cattolica, ma solo dopo aver scritto un resoconto dettagliato ed esaustivo su come la fede dei primi discepoli di Cristo potesse essere trasmessa in modo efficace e fedele attraverso i secoli. In che maniera si sarebbe potuto realizzare tale obiettivo con l'evolversi dei tempi, delle lingue, dei costumi e delle scoperte scientifiche?

Si può dire che Newman si sia essenzialmente inserito nella Chiesa cattolica producendo un libro per rispondere a questa domanda posta nel saggio *Lo sviluppo della dottrina cristiana*. È proprio questa la domanda che ha una grande rilevanza per lo stato attuale della Chiesa.

Ciò che avvenne dopo sorprese molti. L'ammirato professore di Oxford, nonché uno dei pensatori più noti della sua epoca, si presentò presso la residenza del vescovo cattolico locale per essere accolto nella piena comunione con la Chiesa.

Può essere difficile, dalla nostra prospettiva contemporanea, apprezzare appieno cosa rappresentasse una diminutio dello status sociale all'epoca di Newman, in cui ai cattolici non era permesso studiare nelle grandi università inglesi come Oxford o Cambridge, e in cui la Chiesa cattolica romana in Inghilterra era in gran parte considerata come la "missione italiana presso gli irlandesi".

Newman giunge alla conclusione essenziale che, sebbene lo sviluppo dell'insegnamento della Chiesa sia effettivamente un processo dinamico che tiene conto di tutte le contingenze sopra menzionate, ciononostante, con le dovute salvaguardie (quelle che egli chiama i sette "Criteri"), è possibile intraprendere un autentico sviluppo senza diluire il deposito della fede, ma piuttosto rafforzandolo e chiarendolo.

Non si trattava di uno sviluppo per il gusto del cambiamento, ma di un'amplificazione della verità ricevuta. Nella seconda Lettera di Giovanni (2,9), troviamo un chiaro monito contro tali falsi progressi, che vanno oltre l'originale *didaché* (insegnamento).

Forse il primo esempio concreto di un tentativo di applicare il Vangelo a una nuova cultura senza perdere il messaggio viene dal discorso di Paolo all'Areopago, in Atti 17,16-34, dove l'apostolo tenta di far culminare in Cristo la primigenia ricerca di significato della vita umana.

Il processo sinodale attualmente in corso rivela che tale attenzione alle radici e alla salvaguardia non è presente, né è considerata.

Tutto ciò evidenzia il notevole parallelo tra le figure dei cardinali Newman e Pell. Le similitudini sono impressionanti.

Entrambi provenivano da diocesi missionarie del loro tempo ed erano entrambi ex alunni del Pontificio Collegio Urbano di Propaganda Fide, e per di più avevano studiato a Oxford.

Entrambi erano maestri di quelle che potremmo definire "arti controverse", ossia si sono confrontati con le questioni più scottanti del momento.

Le personalità pastorali di molti sacerdoti e vescovi sembrano predisposte a evitare lo scontro, la polemica e il conflitto, ma né Newman né Pell rientrano in questo novero. Quando uno dei due percepiva una chiara minaccia alla tradizione apostolica, si faceva sentire e segnalava il grave problema in questione.

Certo, i diversi periodi storici e le diverse culture in cui sono vissuti hanno fatto sì che i loro rispettivi approcci differissero: Laddove il gentiluomo britannico Newman era delicato e ricco di sfumature, Pell era robusto e deciso; laddove Newman era sottile e indiretto, Pell era esplicito e a volte brusco. Se Newman era un uomo da biblioteca, Pell – pur essendo certamente un intellettuale colto – era sempre un uomo da campo da rugby australiano.

Né l'uno né l'altro esitavano a rispondere ai propri critici: La risposta devastante di Newman al suo contemporaneo Charles Kingsley prese la forma di quello che sarebbe diventato un classico della letteratura vittoriana, *l'Apologia pro vita sua*, un resoconto ritmico e minuzioso della sincerità della conversione di Newman, messa in discussione da Kingsley. Charles Kingsley difficilmente sarebbe conosciuto oggi se non fosse stato oggetto degli scritti di Newman.

Se dovessi scegliere un breve esempio rappresentativo dello stile apologetico del cardinale Pell, sceglierei non un suo scritto ma una delle sue battute caratteristiche.

Nel 2019, Pell partecipò a un dibattito con il fervente difensore del "nuovo ateismo", Richard Dawkins. Nel corso dello scambio, a Dawkins fu chiesto come il suo ateismo potesse spiegare l'emergere di esseri senzienti dal nulla. Dawkins tentò di dare una definizione del "nulla" e quando il pubblico scoppiò in una fragorosa risata provocata dal suo vaneggiare, Dawkins domandò con indignazione: "Cosa c'è di tanto divertente?". La risposta di Pell, sintetica e spiritosa, fu: "È divertente come cerca di spiegare nulla".

Entrambi Newman e Pell hanno subito prove nel corso della loro vita e sono stati spesso disprezzati dalle élite dei media e dagli uomini di Chiesa. Tuttavia, nessuno dei due ha mai perso il senso della missione, della fede o della gioia.

Nel caso di Pell, tale disprezzo si è manifestato nel 2019, quando il cardinale ha incominciato a scontare una pena di 404 giorni in due carceri di massima sicurezza, compreso un periodo in isolamento, per accuse che l'Alta Corte australiana ha poi giudicato "irrazionali", scagionandolo completamente.

L'eredità che ha lasciato di quell'esperienza sono i suoi *Diari di prigionia,* un classico della spiritualità che colpisce non per la sua drammaticità o la sua prosa travolgente, ma per la sua autenticità del tutto semplice e letteralmente mondana che mostra come un'anima innocente affronta l'ingiustizia e conserva la speranza.

È soprattutto guardando alle virtù che possiamo vedere cosa unisce questi due uomini: l'eccellenza morale del coraggio, la qualità che bilancia la temerarietà con la codardia. Questa caratteristica si manifestava ogniqualvolta i due uomini ravvisavano minacce per la Chiesa, anche quando provenivano dall'interno.

Newman si oppose alla secolarizzazione strisciante e alla sostituzione di Cristo al centro della sua amata Chiesa d'Inghilterra quando ne faceva parte, poi, dopo la sua conversione, mise in guardia contro le influenze corruttrici del potere mentre, insieme a Lord Acton e altri, ammoniva che la devozione alla tradizione della Chiesa e al Santo Padre non confondesse la fedeltà con il sicofantismo.

Tralasciando le conseguenze che entrambi avrebbero affrontato in termini di perdita di status sociale o di attacchi da parte di altri, Pell sembrava condividere il motto di Newman: "la santità piuttosto che la pace". Entrambi capivano che la pace alla quale erano disposti a rinunciare per la santità non era quella trascendentale "pace che supera ogni intelligenza" (Fil 4,7) che deriva dalla fede e culmina nella visione beatifica, ma piuttosto la "pace" dell'assuefazione a una quiescenza che porta a non volere "agitare le acque" che hanno bisogno di essere agitate, o quando l'attaccamento alla verità si rivela troppo scomodo in un determinato momento o minaccia la propria ascesa.

Questa capacità di agire senza alcun timore si è vista nel cardinale Pell soprattutto nei suoi ultimi giorni, quando si impegnava a preservare la tradizione apostolica in un momento culturale ed ecclesiale che è diventato sempre più ostile alla sua concezione di sé come vescovo, poi arcivescovo e infine cardinale.

Alla scomparsa di Pell, il Santo Padre, Papa Francesco, ha detto di ricordare "con animo grato la testimonianza coerente e impegnata, la dedizione al Vangelo e alla Chiesa, e particolarmente la solerte collaborazione prestata alla Santa Sede nell'ambito della sua recente riforma economica, della quale egli ha posto le basi con determinazione e saggezza". Il Papa ha concluso, "È un grande uomo e gli siamo tanto debitori".

Il nostro amico ha assistito in prima fila ai gravi, crescenti e continui scandali che la Chiesa ha affrontato nel nostro tempo e che hanno danneggiato gravemente la sua missione, il suo messaggio, la sua reputazione e le sue finanze. Aveva molta chiarezza da offrire al riguardo, tanto che nel 2014 Papa Francesco lo ha nominato primo Prefetto della Segreteria per l'Economia del Vaticano, nel tentativo di mettere ordine nella sua casa fiscale.

Possiamo ora rimpiangere il fatto che non sia vissuto per vedere il completamento del suo operato nell'ambito della riforma finanziaria della Curia romana, una realtà che ci accompagna in tempo reale, dal momento che i rapporti provenienti dal processo vaticano attualmente in corso rivelano quanto profonda sia la corruzione in seno all'istituzione. Il processo stesso nasce dall'annullamento della revisione contabile esterna avviata dal cardinale Pell.

Forse un giorno tutto il marcio verrà a galla, tutti i colpevoli saranno identificati e potrà iniziare l'opera di pulizia. Ma è probabile che noi non vedremo mai quel giorno.

I numerosi necrologi del cardinale Pell lo descrivono come un "conservatore ostinato", la cui posizione su tutte le questioni più scottanti dell'epoca era apparentemente divisiva.

"Ostinato" è un aggettivo interessante, spesso usato per indicare rigidità, qualcosa di simile a un attaccamento fossilizzato a qualcosa in quanto antico.

La vedo come la descrizione di un uomo di fermi principi, che non cede di fronte alle mode e alle pressioni del momento, siano esse politiche, morali o teologiche. Nel suo ministero di cardinale cattolico, il suo ruolo preciso era quello di essere "ostinato" in questo senso, di trasmettere la tradizione tramandata dagli apostoli con cura e ferma convinzione, e questo il cardinale Pell lo ha fatto con enfasi e con classe.

In fondo, la divisione che viene evocata da tale immobilismo è iniziata da coloro che abbandonano la tradizione che essi stessi hanno giurato di difendere, o che cercano di minarla, diluirla o rifiutarla. Sono loro a causare la divisione con la loro infedeltà. In questo senso, il cardinale Pell non faceva altro che emulare le parole di Gesù nel Vangelo quando diceva di non essere venuto a portare pace, ma divisione.

## Padre assente del Sinodo

Può essere utile ricordare un altro momento di grande divisione e confusione nella Chiesa, che derivava da un fraintendimento dell'uomo, in questo caso del Logos che si è fatto uomo. Mi riferisco al sorgere di una delle grandi eresie della Chiesa cristiana primitiva, l'arianesimo (la negazione della divinità di Cristo). San Girolamo osservava la situazione del suo tempo e lamentava che "Il mondo, sgomento, si ritrovò ariano".

In quello stesso periodo emerse anche un'altra frase, che rappresentava la risposta all'errore ariano che avrebbe distorto per sempre il volto del cristianesimo. Questa frase era *Athanasius contra mundum* – "Atanasio contro il mondo", perché sarebbe stato Atanasio a rispondere con più forza all'eresia ariana portandola alla sconfitta, cosa che fece a volte in modo poco educato (tralascio qui la risposta di San Nicola ad Ario).

Oggi, la Chiesa si trova di fronte a un'altra monumentale eresia di tipo diverso, che mette in discussione la natura stessa della persona umana e della famiglia, la libertà e la responsabilità dell'uomo negli affari e nell'espressione religiosa. Tutto questo si riassume con il termine "woke", un'espressione nata da una giustificata resistenza ai pregiudizi razziali, ma che ora si è trasformata in un'ampia gamma di richieste neomarxiste che includono una radicale reinterpretazione dei ruoli di genere, delle norme morali tradizionali e delle strutture ecclesiali. Questo potrebbe indurre tanti a ricordare le parole di Atanasio e dire: "Il mondo, sgomento, si ritrovò *woke*". La tentazione di prostrarsi davanti all'ideologia woke è pervasiva oggi come lo era l'arianesimo all'epoca di Atanasio.

Il cardinale Pell ha formulato la sua ultima domanda con questa tentazione in mente. Il modo in cui vi risponderemo rivelerà molto sulla nostra capacità di affrontare la tentazione del wokismo nel nostro mondo e nella nostra Chiesa.

Di San John Henry Newman si è spesso detto che è stato il "padre assente del Concilio Vaticano II", per il modo in cui la sua vita e i suoi pensieri hanno influenzato i padri del Vaticano II nelle loro deliberazioni.

Vogliamo augurarci che un giorno il cardinale Pell sia chiamato il "Padre assente del Sinodo". Che un giorno si possa dire "*Pell contra mundum*".

# Il tempo è fuori sesto

## Cardinale George Pell

"Il tempo è fuori sesto
Maledetto destino,
essere nato perché quadri ancora."
*Amleto*

Sono nato ed ho compiuto gli studi nei lontani anni Quaranta e Cinquanta, quando si sentivano gli effetti de La Niña e la Ballarat della mia giovinezza era caratterizzata da un clima piovoso e freddo. Non avevamo il riscaldamento.

Era un'epoca primitiva, Bob Menzies era stato eletto Primo Ministro grazie alle seconde preferenze del Partito Democratico Laburista. Se la disoccupazione superava il tre percento, un governo entrava in crisi. Figure del calibro di Patrick White e Sydney Nolan si rifugiarono a Londra, e Dame Edna fuggì da Moonee Ponds, ma la maggior parte degli australiani rimase a godersi la buona sorte rifiutandosi di ammettere la propria mancanza di raffinatezza o di sentirsi inferiori, con grande sgomento di quanti erano più colti di loro. Sospetto che questa sia stata una delle ragioni dell'esasperazione espressa da D.H. Lawrence nei confronti dell'Australia.

Sono stato educato al collegio di San Patrizio di Ballarat, scuola gestita dai Fratelli Cristiani, ai quali la mia generazione e quelle precedenti sono eternamente grate – o dovrebbero esserlo! I fratelli e le suore lavoravano in cambio di pochi soldi, perché non c'erano finanziamenti statali per le scuole private. Senza i loro sacrifici, tra il 1870 e il 1970 molti giovani non avrebbero avuto la possibilità di ricevere un'educazione cattolica.

Era un'epoca primitiva. Gli uomini si sposavano solo con le donne. Marito e moglie di solito rimanevano insieme, anche quando la felicità coniugale svaniva. La maggior parte delle coppie non conviveva prima del matrimonio e molti frequentavano regolarmente la chiesa. Probabilmente più della metà dei cattolici partecipava alla Messa domenicale. Durante la Seconda guerra mondiale, i comunisti, come venivano chiamati, dominavano molti dei sindacati australiani, con grave danno per lo sforzo bellico, fino all'invasione da parte di Hitler del suo alleato comunista, la Russia. Un gruppo di patrioti australiani, tra i quali molti cattolici, cacciò i dirigenti sindacali comunisti. Fu un bene.

Era un'epoca primitiva, perché il multiculturalismo non era ancora stato inventato e dagli immigrati greci e italiani ci si aspettava che si integrassero. Ci si aspettava che i "wog" e i "wop", come venivano etichettati, rispettassero le regole, ma a prescindere, anche in un'epoca primitiva, si verificavano eventi inattesi. Il gruppo più influente di attivisti cattolici era guidato da un uomo di Melbourne, un italo-australiano, e quasi tutta la sua fanteria era costituita da australiani di origine irlandese. La cosa funzionò, anche se alcuni ammettevano a mezza bocca che un nome come "Santamaria" non fosse l'ideale in determinate circostanze.

Il collegio di San Patrizio non aveva un alto profilo accademico, perché solo pochi dei fratelli, i nostri unici insegnanti, erano laureati. Era noto, invece, per aver sfornato campioni di football australiano e sacerdoti, oltre 300 dal 1893, più di qualsiasi altra scuola del Paese. Quando vi feci ritorno come nuovo vescovo nel 1987, il preside spiegò ai ragazzi presenti nella cattedrale che la scuola era nota per aver annoverato tra i suoi studenti due vincitori della Medaglia Brownlow (attribuita ai giocatori migliori e più corretti della Victoria Football League) oltre a due vescovi, statistiche accennate in tale ordine di importanza.

Parliamo di un'epoca primitiva, perché io e molti altri miei compagni (in seconda media eravamo novanta ragazzi con un solo insegnante) dai dodici anni in su studiavamo latino e francese, e dovevamo sostenere esami statali scritti dal secondo anno di scuola superiore all'ultimo. Il risultato di tali esami costituiva, ovviamente, una prova inconfutabile dei successi ottenuti da coloro che frequentavano scuole superiori meno prestigiose e scuole cattoliche.

Ogni anno, a partire dalla prima classe delle superiori, studiavamo anche un'opera di Shakespeare, cominciando con il *Giulio Cesare*, scontrandoci con un linguaggio aulico, probabilmente comprendendo ben poco dei drammi e della variegata esperienza umana che ci veniva presentata, ma confrontandoci regolarmente con la letteratura più alta scritta nella nostra lingua. La mia generazione studiava anche Chaucer, Milton, Browning, i poeti romantici, Emily Bronte, Hemingway e molti altri.

Infine, era un'epoca primitiva, perché la prima trasmissione televisiva arrivò nel 1956, l'anno delle Olimpiadi di Melbourne; a Ballarat gli studenti non avevano accesso alle sostanze stupefacenti, ma c'era alcol in abbondanza, non esisteva la pornografia su internet, ma la rivista per adulti Man si poteva comprare sottobanco. E, certamente, non c'erano cellulari, computer o Internet.

Il Concilio Vaticano II non aveva ancora avuto luogo. Il Dr. Daniel Mannix, di origine irlandese, grande leader tribale, era ancora l'arcivescovo di Melbourne, e lo rimase fino alla sua morte all'età di novantanove anni nel 1963. Rappresentava un punto di riferimento per i suoi seguaci, che incoraggiava ad integrarsi nella classe media, un esempio probabilmente senza precedenti di promozione della mobilità sociale; e negli ultimi anni della sua vita non turbò più la maggioranza protestante come invece aveva fatto durante la Prima Guerra Mondiale partecipando al grande dibattito sulla coscrizione. Le vocazioni al sacerdozio ed alla vita religiosa erano numerose (quando entrai nel seminario del Corpus Cristi nel 1960, nel Victoria ed in Tasmania c'erano circa 200 seminaristi candidati al sacerdozio diocesano), e la comunità cattolica aveva le idee chiare, era sicura di sé e di mentalità ristretta. Il numero di fedeli protestanti che frequenta la chiesa non era alto come il nostro (e ciò ci consolava), ma le scuole protestanti continuavano a trasmettere ai loro studenti un modello cristiano di vita pubblica e familiare. Fu l'invenzione della pillola contraccettiva e la conseguente rivoluzione sessuale degli anni '60 – diffusa ad esempio dalla musica dei Beatles e dei Rolling Stones – a cambiare le cose.

Poiché sono un vecchio brontolone che sta entrando nel suo nono decennio di vita, e poiché sono figlio del lontano ambiente provinciale che ho descritto, qualcuno potrebbe affermare che non c'è da stupirsi che io faccia eco alle parole di Amleto, principe di Danimarca, secondo il quale "Il tempo è fuori sesto".

A questo punto, a giustificazione delle mie discutibili credenziali e a motivazione dello svantaggio derivante dal mio ambiente di origine, non posso non ricordare che il primo Kentucky Fried Chicken australiano aprì a Ballarat negli anni '70, forse con l'idea che, se avesse avuto successo nella città più conservatrice in Australia, allora avrebbe potuto vendere pollo fritto in tutta la nazione.

Le mie origini, che si perdono nelle nebbie della lontana provincia australiana, sono sufficienti a spiegare il mio sospetto che, come sostiene Amleto, "c'è del marcio in Danimarca"? Sono forse accecato da una nostalgia sentimentale per un passato più semplice, ormai scomparso? Dopotutto sono nato durante la Seconda guerra mondiale, ed ora non ci sono guerre mondiali, solo la cruda aggressione da parte russa della lontana Ucraina, e la maldestra e preoccupante belligeranza cinese che tenta di riportare in auge il Regno di Mezzo come prima potenza mondiale. La possibilità di una base navale cinese nelle Isole Salomone è ancora lontana.

Non credo vi sia del marcio nel profondo della vita australiana, ma i tempi cambiano, e non sempre in meglio. La prossima Royal Commission del Victoria potrebbe trovare una situazione simile a quella del Queensland di Joh Bjelke-Petersen negli anni '70 ed '80, e troppi australiani hanno accettato di buon grado la reazione eccessiva di "Stati-balia" durante la pandemia di COVID-19, quando le chiese sono state chiuse ben prima dei casinò (almeno nel Victoria). Molti leader cattolici si sono dimostrati troppo accondiscendenti.

Ciò nonostante, sono centinaia di migliaia gli immigrati che ogni anno desiderano stabilirsi in Australia (non sono molti quelli che chiedono a gran voce di emigrare in Cina). Prima della pandemia, l'Australia vantava quattro delle dieci città più vivibili al mondo, e, di ritorno da Roma, la periferia di Sydney mi sorprende per il benessere, le belle case che si susseguono chilometro dopo chilometro. Nell'Indice della libertà economica della Heritage Foundation pubblicato nel 2020, l'Australia si è classificata al primo posto. È stato fondato il Campion College, e le due università cattoliche offrono una sorta di baluardo contro il peggio.

Ma i tempi cambiano, e sono molti a sentirsi inquieti, soprattutto i conservatori sociali, regolarmente attaccati dagli attivisti woke, anche nel mondo dello sport (come si è visto nella controversia su Israel Folau e nel coraggio dei Manly Seven). Alcuni leader delle grandi imprese hanno ceduto a misure anticristiane o le hanno accolte con entusiasmo. Lo studio legale Corrs ha recentemente deciso in modo unilaterale di non assistere più l'arcidiocesi di Melbourne, dopo averla seguita per oltre 60 anni. È stato un governo federale liberale ad aver sostituito nella modulistica i termini "madre" e "padre" con "genitore". Avevo avuto degli scambi con una serie di leader laburisti sull'importanza di mantenere la possibilità di sostenere candidati pro-vita e pro-famiglia (diversamente dai democratici negli Stati Uniti), ma sono rimasto sorpreso dall'esuberanza di tanti attivisti woke nei partiti della coalizione. Non mi aspettavo un crollo così rapido. La presenza di Peter Dutton e Angus Taylor offre una speranza, a meno che non finiscano in forte inferiorità numerica; ma sono tentato di affermare che l'unico colpo conservatore messo a segno dal governo federale è stato quello di ridurre in modo sostanziale il numero di studenti iscritti a pericolosi corsi di arte, sebbene siano riusciti a proteggere i corsi di matematica dalle sciocchezze dei woke.

Il voto cattolico è frammentato, ma sarebbe comunque possibile mobilitare un elettorato sufficiente a difendere le scuole cattoliche. Tuttavia, il gruppo che potrebbe svolgere un ruolo significativo in futuro sarebbe quello dei cristiani tradizionalisti in tutte le chiese cristiane, particolarmente i cattolici. Molti, ma non tutti, sono immigrati e ci sono gruppi consistenti in alcune località come Sydney Ovest.

In gioventù ricordo l'arcivescovo Mannix spiegare che in democrazia, diversamente dalle autocrazie del passato, i cristiani possono difendersi attraverso il voto. I nostri avversari sperano che i cattolici restino in silenzio nella pubblica piazza dopo lo scandalo della pedofilia. Il silenzio dei cristiani sulle questioni morali all'ordine del giorno costituirebbe una grave omissione, che ad un enorme fallimento ne farebbe seguire un secondo, un abuso dell'abuso. Tuttavia, non è sufficiente parlare, perché le persone devono ascoltare, ed io immagino che le forze anticristiane di entrambi gli schieramenti politici in campo scenderanno a più miti consigli solo quando si dimostrerà che i cristiani sono in grado di esprimere un voto, e prima o poi lo faranno.

Le campagne si sono spopolate, gli iscritti ai sindacati sono diminuiti, ed i parlamenti sono dominati da una classe dirigente di laureati sempre più laica; i due principali partiti non differiscono troppo, almeno rispetto a misure non economiche. È questo il contesto nel quale i conservatori sociali finiscono per scendere a compromessi, come esemplificato dal parlamento del Nuovo Galles del Sud nel quale i principali partiti sono guidati da due brave persone, due cattolici convinti e praticanti, e che ha prodotto la più draconiana legislazione sull'eutanasia di tutta l'Australia.

Malgrado ciò, non mi ritengo un Tim Flannery in abito talare che predice il collasso della religione, il disastro totale nel prossimo decennio o giù di lì. Né ripongo particolare fiducia nelle intuizioni di Flannery sul clima. La bizzarra convinzione che siamo in grado di modificare i modelli climatici della Terra è prova del fatto che "il tempo è fuori sesto". Si tratta di un'impresa da un miliardo, forse da un bilione di dollari, che probabilmente sta andando nella direzione sbagliata. Nel 2004, Flannery doveva sentirsi un po' abbattuto. Per lui l'Australia era particolarmente vulnerabile. "Vivremo condizioni che non si vedono da 40 milioni di anni", dichiarava, aggiungendo "c'è una forte probabilità che Perth diventi la prima metropoli fantasma del XXI secolo". Nel 2006, la minaccia dell'innalzamento del livello del mare si è aggiunta al pericolo della siccità. In un articolo intitolato "Climate's Last Chance", ci esortava ad "immaginare un palazzo di otto piani in riva al mare, e poi ad immaginare le onde che ne lambiscono il tetto".

L'anno successivo, il 2007, è stato particolare perché, pur ritenendo che l'Australia fosse preda di una "siccità mai vista da mille anni a questa parte", e che Brisbane ed Adelaide potessero restare senza acqua entro la fine dell'anno, Flannery si era dichiarato ottimista in relazione all'energia geotermica esistente nell'Australia Meridionale. Il governo laburista di Rudd investì 90 milioni di dollari di fondi pubblici in un progetto relativo ad un impianto geotermico nel Cooper Basin. Sorpresa! Il progetto fallì ed il denaro fu sperperato – sebbene si sia trattato di un importo inferiore a quello perso dal

Vaticano nell'acquisto dell'immobile di Sloane Avenue a Londra (150 milioni di euro).

C'è qualcosa che non va, di poco chiaro, quando un uomo con le idee di Flannery vede i suoi articoli pubblicati, con regolarità, in riviste autorevoli. Eravamo entrati nel Paese delle Meraviglie di Alice quando gli abbiamo assegnato la nomina di "Australiano dell'anno" nel 2007.

Nel vuoto post-cristiano che porta alla valorizzazione della libertà, l'asse portante del progetto liberalista, dal quale la società e la Chiesa hanno tratto grandi vantaggi, è sottoposto anch'esso ad un attacco continuo. Il ribattezzato movimento del cambiamento climatico contro l'anidride carbonica (che non solo favorisce la crescita della vegetazione, ma è essenziale per essa) ha assunto molti dei tratti di una pseudo-religione di basso livello, non troppo impegnativa. Quando un credo religioso viene meno o viene demolito, i suoi orfani optano per una qualche grande narrativa e sembrano avere bisogno di qualcosa da temere. Quasi inconsapevolmente tentano di placare i poteri superiori (della natura, in questo caso) con l'offerta sacrificale di combustibili fossili, carbone e petrolio. Purtroppo per loro, le moderne economie continueranno ad avere bisogno di carbone e petrolio. Le maggioranze democratiche in Australia e nel mondo industrializzato non accetteranno di buon grado blackout elettrici regolari, interruzioni di corrente in piena estate o inverno.

E naturalmente i nostri nemici ed alleati nel terzo mondo avranno bisogno di carbone e petrolio per i loro programmi industriali e di modernizzazione, proprio come abbiamo fatto noi in passato e continuiamo a fare anche oggi. Su questo punto sono ragionevoli e consapevoli, e resteranno solo confusi a causa dei nostri "virtue signalling" occidentali.

Nel 2021, nel mondo sono state costruite 1.893 nuove centrali a carbone, 446 in India, 1.171 in Cina e nessuna nella virtuosa Australia, che si guarda bene anche dal costruire centrali nucleari. L'Australia dispone di risorse di carbone ed uranio presumibilmente sufficienti per migliaia di anni, e sono certo che verranno sviluppate e sfruttate a beneficio dei nostri discendenti per molte generazioni, quando i nostri folli entusiasmi saranno svaniti.

Non esiste una posizione cattolica obbligatoria in materia di cambiamento climatico, perché siamo una religione che insegna la fede e la morale, e non imponiamo alcuna convinzione in ambito scientifico. Ogni persona ha il diritto di essere sciocca, se lo ritiene giusto (questo vale anche per me). La crisi climatica non rappresenta una delle mie principali preoccupazioni, anche se mi piace riportare in questo clima di isteria alcuni fatti accertati. Ad esempio, non c'è mai stato nessun programma informatico in grado di prevedere con precisione i modelli meteorologici futuri. Inoltre, ci sono dati storici sui periodi di riscaldamento intorno al tempo della nascita di Cristo e nel medioevo, dal 900 al 1300, quando l'Australia fu colpita da una serie di terribili siccità. La peggiore durò trentanove anni tra il 1174 e il 1212 d.C., mentre una successiva mega-siccità durò ventitré anni tra il 1500 e il 1522.

Le mie preoccupazioni maggiori sono altre e riguardano la Chiesa cattolica e l'ascesa di una Cina bellicosa.

Il censimento del 2021 in Australia ha mostrato un aumento senza precedenti del numero di coloro che hanno dichiarato di non aderire a nessuna religione, attualmente pari al 38,9 percento. Un calo altrettanto straordinario si è registrato nel numero di fedeli sia nella Chiesa Unita d'Australia sia in quella anglicana, con diminuzioni rispettivamente del 22 e del 20 percento, ed una riduzione significativa e senza precedenti del 4 percento nei membri della Chiesa cattolica in cinque anni. Tale declino ha fatto seguito a diminuzioni significative nel numero dei cristiani nei cinque anni precedenti.

Un punto su cui riflettere è che il calo dei cattolici è stato molto inferiore rispetto alle percentuali dei protestanti, sebbene i cattolici siano stati oggetto dell'ostilità dei media e delle attività della Royal Commission sulla pedofilia.

Tutti coloro che amano Cristo e la Chiesa sono sgomenti di fronte a tali numeri, ma dissentono, a volte con acrimonia, su come affrontare la questione del calo di fedeli. Ci troviamo di fronte ad una netta divisione: da un lato coloro che si considerano servitori e i difensori della tradizione apostolica, senza alcun potere di cambiare in modo sostanziale le dottrine che ci vengono da Cristo e dagli apostoli attraverso le Scritture ed il Magistero cattolico. Dall'altro, una generazione più anziana, per lo più costituita da persone un po' più giovani di me, che attribuisce l'ultima parola alla modernità, e secondo la quale siamo i padroni della Tradizione apostolica e che possiamo modificarla per benedire le unioni omosessuali ed ordinare donne al sacerdozio. Alcuni rifiutano anche i fondamenti cristiani sulla sessualità.

Il recente Concilio Plenario si è concluso, ed il suo impatto sulla predicazione del Vangelo e sulla minaccia del declino religioso è stato per lo più irrilevante, essendosi concentrato soprattutto sulla ridistribuzione del potere.

La migliore teologa australiana, una donna che si dà il caso sia ortodossa (posizione oggi considerata conservatrice), non è stata invitata come delegata al Concilio. Al più rinomato accademico cattolico del Paese, un intellettuale di grande autorevolezza (ex vicecancelliere dell'Università Cattolica Australiana) è stato impedito partecipare alla redazione dei documenti conciliari. Non c'erano giovani sacerdoti, che sono di fatto una delle speranze per il futuro grazie al loro zelo, alla loro capacità di discernimento teologico ed alla loro forza intellettuale. Ovviamente, erano presenti solo pochi parrocchiani di gruppi etnici appartenenti alla Chiesa latina.

I membri del Concilio hanno chiesto che si discutesse del sacerdozio, della famiglia e dell'educazione; non è stato raggiunto alcun risultato e, naturalmente, non si è levata nemmeno una timida voce sulle minacce alla libertà religiosa nelle nostre scuole, negli ospedali e nelle case di riposo. Tra i partecipanti al Concilio, un buon numero ha dato prova di egocentrismo, noncuranza per l'attività missionaria, isolamento dal mondo reale, e disinteresse alla lotta tra il bene e il male e tra la fede e le tenebre. Non è difficile capire perché la Chiesa si sia disintegrata in Belgio, Olanda e Québec. Il nome di Gesù è stato citato un paio di volte, più di Gesù Cristo, e la fede non è stata quasi mai menzionata, tanto meno l'evangelizzazione o i nascituri.

Il Concilio è apparso ignorare le cause della rivoluzione nei costumi e nella morale verificatasi anche in Australia, esemplificata dalla brutale inciviltà e dai giochi di potere dei social media, e dalla diffusione della pornografia in ogni settore della società, maschile e femminile. La politica di potere tribale che caratterizza l'avanzata della "cultura della cancellazione" minaccia di rovesciare i capisaldi del liberalismo, che ha permesso alle Chiese di sopravvivere in Australia anche quando i fondamenti giudaico-cristiani sulla vita, il matrimonio, la famiglia e la sessualità sono stati minati.

Nelle nuove politiche di genere e di razza, i maschi bianchi, e soprattutto i vecchi maschi bianchi, rappresentano il lato peggiore del passato, dell'esecrato razzismo, colonialismo, sessismo e patriarcato. Per citare Paul Kelly di *The Australian* (che ho spesso trovato utile nel tentativo di comprendere ciò che accade nella nostra società in generale a causa del declino del cristianesimo), tali forze si oppongono strenuamente non solo alla civiltà cristiana, ma anche ai fondamenti della cultura occidentale tradizionale secondo i quali "a prescindere da razza, religione, sesso o genere, tutti sono uguali davanti alla legge ed hanno pari dignità".

I temi in discussione non potrebbero essere più basilari. Ragione, libertà, verità rischiano di essere messe al bando, mentre i principi della Legge divina, della legge naturale immutabile hanno un sapore stantio ed antiquato, e vengono considerati espressioni di una mitologia superata.

Alcuni autori, come Larry Siedentop in *L'invenzione dell'individuo. Le origini del liberalismo occidentale*, riconoscono il debito del liberalismo nei confronti del cristianesimo. La maggior parte non lo fa. Sospetto che i legami siano ancora più profondi e che qualsiasi società occidentale basata sulla premessa dell'uguaglianza di tutti davanti alla legge, e che attribuisca una dignità comune ad ogni singolo individuo - cittadino o straniero, professionalmente attivo o dipendente, giovane e sano o anziano e non autosufficiente - possa continuare ad esistere solo se sostenuta dagli ideali cristiani dell'amore universale, spesso espressi sottoforma di diritti umani, derivati da un Dio Creatore.

Non è necessario essere cristiani per farlo, sono sufficienti un impulso o una sensibilità post-cristiana, ma anche questo è in declino, messo da parte senza troppi complimenti nelle nostre università. Le forze brutali dietro la teoria dell'evoluzione, la legge della giungla, le disparità economiche ed intellettuali tra gli esseri umani, le differenze tra i forti e i deboli, i malati e i sani, sono tutti elementi in aperta contraddizione con qualsiasi pretesa di dignità umana universale. Sono già in molti a sostenere in modo esplicito il tribalismo, la vendetta, la prevaricazione e il potere indiscriminati piuttosto che qualsiasi tentativo di raggiungere il consenso. In un'Australia ostile e post-cristiana, sostenere l'ideale del liberalismo può rivelarsi difficile quanto instaurare la democrazia in Iraq o in Afghanistan.

Non credo che la battaglia sia ancora finita, e che ci siamo arresi. Recentemente un autorevole personaggio pubblico mi ha detto che l'unica possibilità per i cristiani in Australia è quella di rifugiarsi nelle catacombe e che il marcio può essere arginato solo da qualche martirio. Spero e credo si tratti di una lettura distorta della situazione, eccessivamente pessimistica. Ma le cose stanno cambiando e potenti maree travolgono molti, ma non tutti gli insegnamenti cristiani. La maggior parte degli australiani è ancora convinta che tutti abbiano "diritto ad una equa opportunità". E certamente, per evitare che la situazione peggiori, non solo i cristiani, ma tutti coloro che riconoscono il valore del nostro stile di vita occidentale devono essere messi nelle condizioni di poter avere "un'opportunità", che è il secondo fondamento del comune sentire australiano, il buonsenso dei nostri antenati che ci ha garantito dignità e prosperità.

Prima di iniziare ad elogiare ciò che il Campion College sta facendo e prima di cercare collegarlo ai cambiamenti sociali che ho descritto, dobbiamo rivolgere brevemente la nostra attenzione ad un pericolo recentemente emerso, che cambia le carte in tavola sotto ogni punto di vista: la belligeranza e l'ostilità verso l'Australia di una Cina in ascesa, ricca e potente.

Nei prossimi dieci anni, la guerra costituirà una possibilità concreta, molto probabilmente coinvolgerà Taiwan, ma non è detto. Il recente libro di Jim Molan, *Danger on Our Doorstep*, anche se da prendere *cum grano salis*, mette in guardia da una seconda Pearl Harbour e non è molto rassicurante. Vi consiglio vivamente di leggerlo.

Uno dei pochi compiti di vitale importanza del governo di Anthony Albanese è quello di rafforzare la nostra capacità di difesa, di infliggere danni a qualsiasi aggressore nel breve termine, e di essere in grado di farlo per i prossimi venti o quaranta anni. Speriamo nella pace e lavoriamo per promuoverla, ma se dovesse accadere il peggio, o se si verificassero gravi crisi con conseguenti conflitti a nord del mondo, gli attuali esercizi di alta retorica non servirebbero assolutamente a nulla. Servono fatti, non parole.

La Cina ci considera un anello debole dell'alleanza con l'America a causa della nostra dipendenza da essa sul piano commerciale e della nostra debolezza sul piano militare. Un vuoto di potere ed una società inerme e frivola costituiscono una tentazione per ogni dittatore, soprattutto se intende sviare l'attenzione dei suoi cittadini da problemi nazionali quali la povertà e la disuguaglianza, l'oppressione ed il malcontento, trentacinque o quaranta milioni di maschi in sovrannumero e la prospettiva di oltre duecento milioni di lavoratori in meno entro il 2050.

Indipendentemente dall'evoluzione della situazione, la Cina avrà un impatto sulla direzione intrapresa dal dibattito nazionale in Australia, e non parlo solo dell'aumento delle tasse per finanziare le spese per la difesa, o l'introduzione del servizio militare obbligatorio. Gli australiani potrebbero essere costretti a decidere se amano la propria nazione al punto da essere pronti a difenderla; se crediamo nella libertà e nella democrazia al punto da resistere ad un pericoloso dittatore. Quasi sicuramente, l'Australia sarà costretta a fare affidamento sui capisaldi della sua tradizione occidentale nei secoli di dialogo o di lotta che accompagneranno la rinascita del Regno di Mezzo, una civiltà un tempo potente, antica come la Grecia e più antica dell'Impero Romano, ma molto diversa rispetto al nostro modo di vivere, ed oggi decisamente oppressiva nei confronti dei suoi cittadini.

Un altro fattore significativo è che il cristianesimo, soprattutto il protestantesimo, si sta diffondendo in Cina come si diffuse nell'ostile Impero Romano pagano. La Cina conta probabilmente già fra sessanta e novanta milioni di cristiani, ed è uno dei maggiori paesi cristiani del mondo.

È ragionevole pensare che gli australiani del futuro, almeno in alcune occasioni, riusciranno ad interessarsi a qualcosa di diverso dalle loro amate partite di rugby del campionato State of Origin e dalla corsa di cavalli della Melbourne Cup. Ma in ogni caso, l'Australia avrà bisogno di patrioti lucidi e capaci.

### Dove e come si colloca il Campion College?

Il Campion College è una comunità di studenti e docenti molto piccola e, in un certo senso è così che deve essere per poter valorizzare domande e risposte, obiezioni e repliche e il dialogo che è al centro di ogni autentica istruzione terziaria, specialmente nel campo delle discipline umanistiche.

Il Campion non è un college incentrato su un sapere di tipo pratico, poiché il suo principale corso di laurea non offre alcuna preparazione o qualifica professionale specifica. Il Campion non è contemporaneo, perché è in anticipo sui tempi, sebbene costituisca un brillante esempio di politicamente scorretto. Dedica le sue energie allo studio della civiltà occidentale, quella magnifica fioritura nata dalla fusione delle antiche tradizioni di Gerusalemme, Atene e Roma che ha prodotto il cristianesimo costantiniano, durato fino alla Riforma, sopravvissuto durante la Riforma stessa, il Rinascimento, l'Illuminismo e la Rivoluzione scientifica.

Gli europei – spagnoli e portoghesi e poi francesi e inglesi – hanno dato vita a nuove nazioni, in America, Australia e Nuova Zelanda, colonizzando l'Africa ed alcune parti dell'Asia. Tutto ciò ha avuto un prezzo, a volte un enorme costo morale. Ma ci sono stati anche benefici nel campo dell'istruzione, della sanità, del diritto, dei trasporti, della diffusione della democrazia, a compensazione del lato oscuro della Rivoluzione francese, del nazismo, del comunismo e del colonialismo. Il secolo di umiliazioni subite dai cinesi ha lasciato ferite profonde ed alimenta la loro assertività, ma

Hong Kong, fino al suo recente ritorno alla Repubblica Popolare Cinese, e Singapore costituiscono conquiste di grande rilievo per l'umanità.

Campion studia la storia in un'ottica cristiana, valutando ciò che è giusto e ciò che non lo è, il bene e il male, rifiutando qualsiasi idea occultamento della verità e lavorando per combattere i pregiudizi. Ma trasmette anche l'amore e l'orgoglio per la nostra tradizione, similmente a ciò che avviene quando amiamo le nostre famiglie pur riconoscendone gli errori. Il programma di studi umanistici mira a trasmettere agli studenti "una comprensione integrata degli eventi, delle idee, dei movimenti, delle personalità e delle opere che hanno plasmato lo sviluppo della cultura occidentale, nelle quattro discipline chiave: storia, letteratura, filosofia e teologia. Sono previsti anche corsi opzionali di scienze, matematica, latino e greco antico".

In altre parole, gli studenti vengono introdotti alla saggezza delle diverse epoche attraverso la nostra tradizione, la tradizione occidentale. Imparano a conoscere le virtù centrali, la fede e la ragione, la ricerca del significato. Imparano ad analizzare e sintetizzare, a dire quello che pensano e a pensare ciò che dicono, a scrivere e a ragionare in modo logico e chiaro e ad acquisire una saggezza pratica, qualcosa che valga la pena di dire sulle questioni umane fondamentali al di là della professione che potrebbero scegliere di intraprendere.

Si tratta di una formazione di base ideale per qualsiasi carriera professionale e per quel ruolo tabù, ma vitale per la società, di moglie e madre, il prendersi cura dei figli. Può persino aiutare i disprezzati maschi della nostra specie ad essere buoni padri e mariti. Poiché questa educazione costituisce un bene per gli individui, ne consegue che è un bene per la società. Molto di ciò che il Campion College cerca di fare oggi è ciò che 100 o anche 50 anni fa le famiglie, la scuola, la chiesa, l'università e persino gran parte dei media facevano per l'élite ed i combattenti. Ora non succede più.

Si può descrivere ciò di cui la società ha bisogno in vari modi, ad esempio tradizione, rituali e culto; persone sicure di sé, modeste, non timorose e quindi non sedotte dall'autoritarismo. Si potrebbe affermare che la società abbia bisogno di fede religiosa, di rispetto per l'ordine e la gerarchia, di patriottismo, di consapevolezza del peccato originale, il difetto comune ad ogni cuore e comunità umana, e di altrettanta consapevolezza che la capacità umana di miglioramento è limitata. Il progresso è difficile, perché il successo non è garantito dalle buone intenzioni.

Per non tornare indietro, ogni società ha bisogno di conservatori sociali di ogni genere per trasmettere ai giovani ciò che del passato merita di essere mantenuto. La nostra società soffre già di un caos che si sta lentamente diffondendo sul piano domestico: famiglie in pezzi, bambini fragili, alcol, droga, pornografia. I giovani hanno bisogno di adulti che offrano loro stabilità, che stabiliscano dei confini in modo che l'amore ed il rispetto possano fiorire, e che diano l'esempio in relazione a principi quali dovere, onore e compassione.

I giovani hanno bisogno di sapere che ci sono verità morali – ciò che è giusto e ciò che sbagliato – che non sono una nostra invenzione, così come esistono le verità della matematica, della fisica, dell'ecologia e della salute pubblica. La società deve capire che dietro l'evoluzione c'è un Dio Creatore, che non è solo razionale, meravigliosamente intelligente, ma è anche buono, gentile ed interessato a noi. La nostra società deve ricordare che crediamo nella libertà di parola perché crediamo nella verità; che le cose possono essere conosciute così come sono, anche se in modo imperfetto. Se non c'è verità, non c'è alcun punto di arrivo nel dibattito o nella discussione. È la tribù più forte a decidere ed imporre con la forza la sua soluzione. La certezza del giudizio di Dio, del fatto che ogni persona sarà chiamata a rispondere del proprio operato davanti al Signore, del fatto che esistono un paradiso ed un inferno, tutto ciò costituisce un elemento stabilizzatore per la società e, per le vittime della storia, sapere che la bilancia della giustizia ritroverà il suo equilibrio nell'eternità rappresenta una consolazione.

Il Campion College non è solo in questa lotta, che viene combattuta da molti, da milioni di persone anche in Australia; la maggior di essi lavora in silenzio, lontano dai riflettori. Il contributo del Ramsay Institute è particolarmente prezioso e tutti coloro che operano per la rettitudine dovrebbero sforzarsi di collaborare, a prescindere dai problemi del passato.

Le guerre culturali continuano e, sebbene le nostre perdite siano considerevoli, non siamo stati sconfitti. Le molte vittime del caos saranno sempre più aperte al nostro messaggio ed apprezzeranno il vostro aiuto. Il Campion si è unito alla battaglia e continua con costanza ad offrire il suo contributo. È un'oasi nel deserto. Desidero congratularmi con i fondatori del Campion College per la loro lungimiranza e perseveranza, così come desidero elogiare il lavoro del Professore Paul Morrissey, del suo staff e dei suoi studenti. Tutti loro meritano il nostro sostegno e sono certo che voi, la famiglia del Campion College, non glielo farete mancare mai.

**Il Cardinale George Pell ha pronunciato questo discorso nell'agosto del 2022 davanti a un'assemblea del Campion College, un'istituzione cattolica di arti liberali di istruzione superiore situata nella periferia occidentale di Sydney, nel Nuovo Galles del Sud, in Australia.**

# La Chiesa cattolica deve liberarsi da questo "incubo tossico"

*Cardinale George Pell*

Il Sinodo dei Vescovi Cattolici è attualmente impegnato nella costruzione di quello che i vescovi considerano il "sogno di Dio" della sinodalità. Purtroppo, questo sogno divino si è trasformato in un incubo tossico, nonostante le buone intenzioni professate dai vescovi.

Questi hanno prodotto un opuscolo di 45 pagine che presenta un resoconto delle discussioni avvenute nell'ambito della prima fase di "ascolto e discernimento" in molte parti del mondo, ed è uno dei documenti più incoerenti mai inviati da Roma.

Grazie a Dio il numero di cattolici sta aumentando in tutto il mondo, specialmente in Africa e in Asia, ma la situazione è decisamente diversa in America Latina, dove si registrano perdite a favore dei protestanti e dei secolaristi.

Senza alcuna ironia, il documento si intitola "Allarga lo spazio della tua tenda", con l'obiettivo di accogliere non i nuovi battezzati - coloro che hanno risposto alla chiamata a pentirsi e a credere - ma chiunque sia interessato ad ascoltare. I partecipanti sono invitati ad essere accoglienti e radicalmente inclusivi: "Nessuno è escluso!"

Il documento non esorta neanche i partecipanti di fede cattolica a fare discepoli tutti i popoli (Matteo 28,16-20), né tantomeno a predicare il Salvatore in ogni occasione opportuna e non opportuna (2 Timoteo 4, 2).

Il primo compito per tutti, e soprattutto per gli educatori, è quello di ascoltare nello Spirito. Secondo questo recente aggiornamento della Buona Novella, la "sinodalità" come modo di essere della Chiesa non è da definire, ma solo da vivere. Si articola attorno a cinque tensioni creative, partendo da un'inclusione radicale e passando alla missione in uno stile partecipativo, praticando la corresponsabilità "con credenti di altre religioni e persone di buona volontà". Vengono riconosciute le difficoltà come la guerra, il genocidio e il divario tra clero e laici, ma tutto può essere sorretto, dicono i vescovi, da una vivace spiritualità.

L'immagine della Chiesa come una tenda sempre più ampia con al centro il Signore proviene da Isaia, e il senso è quello di sottolineare che questa tenda che si allarga è un luogo in cui le persone vengono ascoltate e non giudicate, non escluse.

Leggiamo quindi che il popolo di Dio ha bisogno di nuove strategie: non litigi e scontri, ma dialogo, che non fa distinzione tra credenti e non credenti. Si insiste sul fatto che il popolo di Dio deve ascoltare il grido dei poveri e della terra.

A causa delle differenze di opinione sull'aborto, la contraccezione, l'ordinazione delle donne al sacerdozio e l'omosessualità, alcuni hanno ritenuto che non si possano assumere o proporre posizioni definitive su questi temi. Lo stesso vale per il matrimonio poligamico, il divorzio e per i divorziati risposati.

Tuttavia, il documento è chiaro riguardo alla questione importante della posizione d'inferiorità delle donne e dei pericoli del clericalismo, benché si riconosce il contributo positivo di molti sacerdoti.

Cosa fare di questo *potpourri*, di questa effusione di buona volontà in stile New Age? Non è una sintesi della fede cattolica né dell'insegnamento del Nuovo Testamento. È incompleto, fortemente ostile alla tradizione apostolica e non riconosce in alcun modo il Nuovo Testamento come Parola di Dio, su cui si basano ovviamente tutti gli insegnamenti sulla fede e sulla morale. L'Antico Testamento viene ignorato, il patriarcato respinto e la Legge mosaica, compresi i Dieci Comandamenti, disconosciuta.

Per cominciare, si possono fare due considerazioni. I due sinodi conclusivi che si terranno a Roma nel 2023 e 2024 dovranno chiarire il loro insegnamento sulle questioni morali, dal momento che il Relatore Generale (redattore principale e responsabile), il cardinale Jean-Claude Hollerich, ha pubblicamente respinto gli insegnamenti fondamentali della Chiesa sulla sessualità, sostenendo che contraddicono la scienza moderna. In tempi normali questo avrebbe significato che la sua permanenza come Relatore sarebbe stata inopportuna, se non addirittura impossibile.

I vescovi dei sinodi devono scegliere se essere servitori e difensori della tradizione apostolica in materia di fede e morale, o se il loro discernimento li costringe ad affermare la loro sovranità nei confronti della dottrina cattolica. Devono decidere se gli insegnamenti fondamentali su questioni come il sacerdozio e la morale possono essere parcheggiati in un limbo pluralista in cui alcuni scelgono di ridimensionare i peccati e la maggioranza accetta di dissentire rispettosamente.

Fuori dal Sinodo, la disciplina si sta allentando, soprattutto in Nord Europa, dove alcuni vescovi non sono stati rimproverati, neanche dopo aver affermato il diritto di un vescovo a dissentire; esiste già un pluralismo di fatto, più diffuso in alcune parrocchie e in alcuni ordini religiosi su questioni come ad esempio l'accettazione degli atti omosessuali.

I vescovi diocesani sono i successori degli apostoli, i primi maestri in ogni diocesi e il fulcro dell'unità locale per il loro popolo e dell'unità universale attorno al papa, il successore di Pietro. Fin dai tempi di Sant'Ireneo di Lione, il vescovo è anche il garante della continua fedeltà all'insegnamento di Cristo, della tradizione apostolica. È governatore e talvolta giudice, oltre che insegnante e celebrante dei sacramenti, non si limita solo a osservare o semplicemente a mettere i timbri.

Il documento "Allarga la tenda" prende atto delle mancanze dei vescovi, che a volte non ascoltano, hanno tendenze autocratiche e possono essere fin troppo clericali e individualisti. Sebbene ci siano segni di speranza, di leadership efficace e di cooperazione, il documento sostiene che i modelli piramidali di autorità andrebbero distrutti e che l'unica autorità autentica deriva dall'amore e dal servizio. Deve essere enfatizzata la dignità battesimale e non l'ordinazione ministeriale. Inoltre, gli stili di governo devono essere meno gerarchici e più circolari e partecipativi.

I principali attori di tutti i sinodi (e concili) cattolici e di tutti i sinodi ortodossi sono stati i vescovi. Nei sinodi continentali questo dovrebbe essere affermato e attuato in maniera pacata e collaborativa, affinché le iniziative pastorali rimangano nei limiti della sana dottrina. I vescovi non sono chiamati meramente a convalidare il giusto processo e a dare il nulla osta a quanto hanno osservato.

Nessuno dei partecipanti al sinodo, siano essi laici, religiosi, sacerdoti o vescovi, può trarre vantaggio dalla decisione del sinodo che vieta di votare e di presentare proposte. Trasmettere al Santo Padre soltanto il parere del comitato organizzatore affinché egli faccia come crede è un abuso della sinodalità, una messa in disparte dei vescovi, ingiustificata dalle Scritture e dalla tradizione. Non è un processo corretto e può essere manipolato.

Sono molti i cattolici praticanti che non approvano i risultati dell'attuale Sinodo. Né vi è molto entusiasmo ai livelli più alti della Chiesa. Il protrarsi di riunioni di questo tipo acuisce le divisioni mentre i pochi consapevoli possono approfittare del disordine e delle buone intenzioni. Gli ex anglicani tra noi individuano giustamente la confusione crescente, l'attacco alla morale tradizionale e l'inserirsi nel dialogo di un gergo neomarxista sull'esclusione, l'alienazione, l'identità, l'emarginazione, i senza voce, gli LGBTQ, nonché lo smarrimento dei concetti cristiani di perdono, peccato, sacrificio, guarigione, redenzione. Perché questo silenzio sulla ricompensa o la punizione nell'aldilà, sulle quattro ultime cose: morte e giudizio universale (particolare), paradiso e inferno?

Ad oggi il cammino sinodale ha trascurato, anzi declassato il Trascendente, occultato la centralità di Cristo con appelli allo Spirito Santo, e favorito il risentimento, soprattutto tra i partecipanti.

I documenti di lavoro non fanno parte del magistero. Essi servono da base per la discussione, che deve essere giudicata da tutto il popolo di Dio e in particolare dai vescovi con e per il papa. Questo documento di lavoro necessita di cambiamenti radicali. I vescovi devono rendersi conto che c'è del lavoro da fare, in nome di Dio - prima si fa, meglio sarà per tutti.

**Questo articolo è stato utilizzato con il permesso di *The Spectator*, dove è stato pubblicato originariamente l'11 gennaio 2023.**

# Come essere "noiosamente efficaci" al Vaticano

*Danny Casey*

## Introduzione

Già molti anni prima dell'istituzione della Segreteria per l'Economia, il cardinale George Pell si era reso conto della necessità di intraprendere delle riforme finanziarie nella Chiesa.

Durante i processi in corso presso i tribunali vaticani, le eccessive denunce di uso improprio delle finanze del Vaticano, di abuso di ufficio, apparentemente con poco riguardo per lo stato di diritto, compresa la sorveglianza elettronica del personale intento a svolgere il proprio lavoro, sono stati superati soltanto dalle dichiarazioni rese da diversi testimoni chiamati a deporre. Abbiamo letto notizie sull'annullamento dell'audit esterno per dubbi sul processo di verifica, e la rimozione del Revisore Generale indipendente è essa stessa oggetto di un procedimento.

Molti fedeli si sono chiesti come sia potuto accadere. Perché le autorità hanno ritenuto opportuno un simile comportamento? Perché alcuni in Vaticano sono così preoccupati dalla verifica indipendente e dalla trasparenza? E cosa si può fare per garantire che non si verifichi mai più una simile condotta in futuro?

Vent'anni prima di questa vergognosa manifestazione di inefficienza, incompetenza e illegalità, il cardinale Pell, dall'altra parte del mondo, aveva previsto che, senza una riforma, il prossimo scandalo che la Chiesa avrebbe dovuto affrontare sarebbe stato quasi certamente la cattiva gestione finanziaria. Le sue osservazioni e i suoi timori si sarebbero purtroppo avverati.

Queste poche righe vogliono illustrare il contesto nel quale si colloca il suo lavoro di gestione e supervisione finanziaria in Australia e in Vaticano e offrire alcune indicazioni per il futuro.

## Il contesto storico

Nel 2003 il cardinale, poco dopo il suo insediamento come Arcivescovo di Sydney, nominò un nuovo direttore amministrativo e finanziario diocesano. Era la prima volta che un laico ricopriva un ruolo così importante a Sydney. Il cardinale riconobbe la necessità di migliorare il modo in cui venivano condotti gli affari e le finanze e si impegnò con serietà e professionalità a fare il necessario.

Sebbene non ci fosse nulla di scorretto nel modo in cui veniva portata avanti la gestione a Sydney, era chiaro che vi erano margini di miglioramento. Come molti enti ecclesiastici dell'epoca, e certamente come il Vaticano, l'arcidiocesi aveva scarse competenze e poca esperienza: il mondo dell'amministrazione finanziaria e della gestione degli investimenti si era sviluppato a un ritmo di gran lunga superiore rispetto alle sue capacità interne. Il divario doveva essere colmato.

Il cardinale Pell fu chiaro: chi amministra i fondi della Chiesa e coloro che svolgono attività per suo conto sono tenuti a operare secondo i più alti standard di integrità e professionalità. Considerando la nostra missione e i nostri doveri di buoni amministratori, il cardinale Pell stabilì il *benchmark* – lo standard di riferimento – per l'amministrazione della Chiesa, che doveva essere "quanto meno all'altezza dei migliori".

I leader della Chiesa gestiscono beni che non appartengono a loro. Il modo in cui amministrano e conducono questi affari ha un impatto diretto sulla capacità della Chiesa di svolgere la sua missione. Coloro ai quali è stata affidata la responsabilità di amministrare le finanze hanno l'obbligo di svolgere il loro lavoro secondo i più alti standard possibili, in ragione dell'ente per cui lavorano e di chi rappresentano. Gli amministratori dovrebbero adottare, non sottrarsi, agli standard internazionali e alle migliori pratiche e non dovrebbero accampare scuse o trovare modi per eludere o sfuggire alla compliance (rispetto delle normative) e alla trasparenza.

Il cardinale Pell diceva spesso che il fatto che siamo una Chiesa non è una scusa per giustificare una cattiva amministrazione. Perché dovrebbe essere accettabile un'amministrazione approssimativa o una gestione finanziaria poco oculata? Perché dovrebbe essere opportuno scegliere la via più facile, trattare in modo ingenuo o intraprendere affatto delle trattative sul denaro che potrebbe servire ai bisogni della Chiesa, aiutare i poveri, contribuire alla realizzazione di programmi che potrebbero condurre le persone a Dio e alla salvezza eterna?

Pratiche semplici come un doppio controllo su ogni operazione di rilievo, la garanzia che tutte le transazioni siano registrate, il ricorso a revisori esterni sono la norma nelle organizzazioni laiche e non sono affatto discutibili. Sono prassi comune in molti enti ecclesiastiche e devono diventare la norma in tutta l'amministrazione della Chiesa.

Il cardinale realizzò alcuni progressi importanti a Sydney: sfruttando maggiormente la base patrimoniale, aumentò in modo sostanziale il patrimonio netto, estese il lavoro della missione, istituì nuove agenzie, nuove strutture, e ospitò la Giornata mondiale della gioventù.

## Il cammino verso Roma

Il suo lavoro non passò inosservato e il cardinale fu invitato a far parte del comitato finanziario del Vaticano.

Nell'amministrazione ecclesiastica, ci si sarebbe aspettato che il Vaticano fosse in prima linea. Forse addirittura un modello di cittadino globale, un faro di luce e trasparenza, un sovrano riconosciuto e ammirato per il suo rigore e la sua professionalità nel concentrarsi sulla missione affidatagli.

Il divario tra aspirazioni e prassi rilevato dal cardinale Pell in Vaticano non poteva essere più eclatante.

Il cardinale riscontrò prassi non conformi agli standard internazionali e lontane dalle migliori pratiche. Trovò un rilevante numero di pratiche poco chiare che in molti casi sembravano non essere conformi alle norme e ai regolamenti canonici e tanto meno a quelli civili.

Il cardinale chiese, giustamente, il motivo per cui gli enti del Vaticano dovessero essere esonerati dalle norme canoniche sull'amministrazione, norme che gli amministratori della Chiesa di tutto il mondo rispettano meticolosamente. Sollevò simili interrogativi in riferimento all'abitudine di ignorare o sminuire gli obblighi civili, compresa l'osservanza di specifici trattati e accordi internazionali firmati da vari papi nel corso di molti anni.

Serviva un cambiamento netto e significativo, per raggiungere gli obiettivi di una solida riforma economica e finanziaria.

## Papa Francesco chiede un riesame

Poco dopo essere salito al soglio pontificio nel 2013, Papa Francesco commissionò una revisione delle strutture economiche e amministrative e chiese al cardinale Pell di occuparsene.

All'inizio del 2014 il Santo Padre annunciò la creazione di alcune nuove strutture: il Consiglio per l'Economia, la Segreteria per l'Economia e la nuova carica di Revisore Generale. Il Santo Padre nominò il cardinale Pell come Prefetto e fissò i seguenti obiettivi per le riforme e le nuove strutture:

1. Fornire alla Santa Sede, allo Stato della Città del Vaticano e a tutti gli enti collegati politiche solide e coerenti di gestione finanziaria, prassi e procedure di rendicontazione.

2. Facilitare il processo decisionale a livello locale e fornire un quadro chiaro delle responsabilità di coloro a cui è affidata l'amministrazione delle risorse della Chiesa.

3. Rafforzare il processo di pianificazione affinché le risorse economiche siano impiegate nel modo più efficace.

4. Rendere disponibili maggiori risorse economiche per la missione della Chiesa, attraverso una migliore gestione economica e finanziaria.

I principi chiave stabiliti per la fase di attuazione furono i seguenti:

1. Le politiche e le prassi avrebbero riguardato tutte le entità della Santa Sede e sarebbero state attuate a livello locale.

2. Le politiche e le pratiche sarebbero state per quanto possibile coerenti con i principi contabili internazionali pertinenti e

con le pratiche contabili e di rendicontazione generalmente accettate.

3. I rendiconti finanziari e i bilanci consolidati sarebbero stati preparati in conformità ai principi contabili internazionali e includeranno ogni entità che soddisfa il livello di controllo.

4. Il bilancio consolidato sarebbe stato esaminato da una delle società di revisione appartenente alle "Big 4": Deloitte, EY, PwC, e KPMG. La Segreteria per l'Economia avrebbe cercato di raccogliere i suggerimenti degli enti e fornito loro formazione, orientamento e supporto per l'implementazione di nuove politiche e prassi e per il processo di formazione del bilancio.

## Il lavoro cominciò, e con esso la resistenza al cambiamento

I lavori furono avviati con grande slancio e professionalità, seguendo gli obiettivi e i principi fissati da Papa Francesco per i nuovi beni economici e amministrativi. Il cardinale era a capo di un'equipe che lavorò instancabilmente per portare avanti le riforme.

Uno dei suoi primi compiti fu quello di supervisionare la selezione e la proposta di nuovi membri del Consiglio di Amministrazione dell'Istituto per le Opere di Religione, comunemente conosciuto come Banca Vaticana. Il nuovo Consiglio, sotto la guida di un nuovo Presidente, apportò dei miglioramenti sostanziali nelle attività, compresa la conformità alle normative dell'Unione Europea e ai protocolli "Know Your Customer" ("Conosci il tuo cliente").

Era urgente portare avanti le riforme in tutto il Vaticano, poiché erano state evidenziate le dimensioni e la portata delle sfide finanziarie. Tra queste, la previsione di un aumento dei disavanzi operativi che stavano esaurendo i saldi di cassa, un deficit significativo del Fondo Pensioni Vaticano e una quantità impressionante di investimenti con scarso rendimento e di risorse sottoutilizzate.

Anziché collaborare con il cardinale, molti dei dirigenti in posizioni apicali erano sulla difensiva e ostili al cambiamento. Mostrarono una straordinaria capacità di difendere l'indifendibile e una scarsissima considerazione per le conseguenze che il persistere di prassi inefficienti e poco trasparenti avrebbe avuto per la Santa Sede, nonché una scarsa attenzione verso i doveri che un buon amministratore ha nei confronti di coloro che gli affidano le proprie risorse.

Sei mesi dopo, il Santo Padre ratificò le nuove politiche di gestione finanziaria basate sugli standard contabili internazionali del settore pubblico (IPSAS) per le migliori pratiche e la trasparenza. Si è trattato di una tappa significativa del percorso di riforma.

I bilanci IPSAS sono diversi da quelli delle società private o delle imprese internazionali: si concentrano piuttosto sulle risorse esistenti, su come sono state utilizzate e sui costi dei vari programmi e iniziative. Utilizzati da tutti i governi e gli enti pubblici del mondo, sono stati introdotti al fine di migliorare la rendicontazione dei governi di tutto il mondo, un processo volto ad accrescere la responsabilità e la trasparenza. All'epoca in cui furono introdotti in Vaticano, i governi, le agenzie e le organizzazioni che avevano adottato gli IPSAS o che ne prevedevano l'adozione comprendevano il Sistema delle Nazioni Unite, la Commissione europea, l'Organizzazione per la cooperazione e lo sviluppo economico, il governo svizzero e quello spagnolo, il Consiglio d'Europa e la Commissione del Commonwealth. Inoltre, gli Stati Uniti e l'Australia dispongono di standard sostanzialmente simili agli IPSAS.

Per sostenere l'adozione degli IPSAS, il cardinale Pell riconobbe la necessità di trovare il modo per incorporare queste prassi nel lavoro quotidiano. Presentò una serie di politiche e pratiche di gestione finanziaria del Vaticano al Santo Padre, che ne approvò l'attuazione, compresa l'istituzione di nuove procedure di bilancio e contabili e di programmi di formazione per il personale.

Il cardinale e la sua equipe elaborarono anche un elenco completo degli enti vaticani (come richiesto dagli standard contabili internazionali) e si impegnarono a raccogliere informazioni sulle attività e le passività di ciascuno di essi. Alla fine, scoprirono che oltre due miliardi di euro venivano gestiti in nero.

Fu introdotto un nuovo processo di pianificazione finanziaria e di bilancio che prevedeva la presentazione di un piano finanziario – un'opportunità per ogni ente di delineare le proprie attività esistenti e proposte, i piani di entrate e di spesa e anche gli investimenti e le altre risorse controllate e gestite. Furono introdotte nuove procedure per la revisione e l'approvazione degli atti di straordinaria amministrazione, con l'intento non solo di rispettare i canoni, ma anche di garantire il principio dei "quattro occhi".

Tutto questo lavoro mise in luce le profonde sfide che il Vaticano doveva affrontare, in particolare riguardo ai flussi di reddito e di investimento a lungo termine, ma anche in relazione a diverse operazioni di rilievo e delicate.

La trasparenza è un antisettico e brucia, come spesso accade quando si applica su una ferita, soprattutto se molto infetta.

La resistenza alla trasparenza, in particolare da parte della Segreteria di Stato e dell'Amministrazione del Patrimonio della Sede Apostolica, è stata a volte ostile, minacciosa e finalizzata a intimidire i riformatori e a vanificare i progressi. Purtroppo, questa situazione si è protratta per diverso tempo e, come è stato riferito nei processi in corso, ha comportato pratiche non solo non etiche ma (con ogni probabilità) illegali.

La partenza del cardinale Pell per l'Australia per affrontare le accuse che alla fine sono state respinte dalla più alta corte australiana e la brutale rimozione del Revisore Generale sono stati eventi significativi che hanno smorzato lo slancio e probabilmente la volontà di portare avanti le riforme economiche. Le notizie secondo cui questi eventi sono stati acclamati da alcuni sono motivo di profonda preoccupazione per i sostenitori delle riforme economiche.

A quasi dieci anni dall'inizio di questo percorso di riforma, vale la pena riflettere su quanto siano stati efficaci coloro che si sono opposti alle riforme economiche.

1. Il mandato della Segreteria per l'Economia è stato notevolmente ridotto rispetto a quanto previsto e stabilito da Papa Francesco nel 2014. Il numero di enti soggetti al regime e ai rigori finanziari è stato sostanzialmente ridimensionato. Il personale è ancora ben al di sotto di quanto previsto e necessario.

2. Sebbene nel 2021 i bilanci includano un numero maggiore di enti, è ancora ben lontano dalla totalità e dal numero di enti che un tempo rientravano nelle competenze della Segreteria per l'Economia e del Revisore Generale.

3. L'audit esterno è stato interrotto in una maniera plateale e da chi non era stato nemmeno coinvolto nella sua nomina.

4. Non sono chiari i progressi compiuti contro i rigori degli standard IPSAS e delle politiche di gestione finanziaria del Vaticano, tra cui la valutazione dei beni, i principi di consolidamento, ecc.

5. Il principio dei "quattro occhi" e il rigore con cui vengono gestite le grandi operazioni sembrano essere venuti meno, in gran parte a causa dell'esclusione di molti soggetti e per motivi di convenienza.

Vale la pena chiedersi se la cultura sia davvero cambiata e se le questioni attualmente al vaglio del tribunale vaticano sarebbero mai emerse, dati gli attuali assetti. Di recente un autorevole cardinale che lavora presso la Santa Sede ha insinuato che tutti i problemi e l'imbarazzo causato dai processi in corso avrebbero potuto essere evitati se solo la Santa Sede non avesse intrapreso la strada della trasparenza - vale a dire che sono state le riforme economiche e non i comportamenti scorretti a creare i problemi.

**Principi chiave per lo sviluppo futuro delle riforme economiche utilizzato**

A quasi dieci anni dall'avvio del processo di riforma, sebbene la resistenza abbia avuto l'effetto di rallentarlo, non è stata in grado di invertirne la rotta.

Certo, ci sono state alcune battute d'arresto, ma oggi vi è più visibilità per quel che riguarda le transazioni di maggior rilievo, e le possibilità di individuare eventuali atti illeciti sono aumentate enormemente.

I seguenti principi chiave dovrebbero ispirare le priorità e il lavoro di riforma nei prossimi anni:

1. Il lavoro di riforma economica non è facoltativo: è dovere

dei dirigenti del Vaticano, nei confronti di tutti coloro che servono, adottare le migliori pratiche amministrative.

2. Il compito è tutt'altro che terminato, anzi sono emersi alcuni segnali preoccupanti che indicano che gli obiettivi e i principi fondamentali sembrano essere stati accantonati o diluiti.

3. Una volta che si parte non si può più tornare indietro: dimenticare le regole del vecchio gioco è difficile tanto quanto imparare quelle del nuovo. Si tratta di un progetto a lungo termine e, nonostante le battute d'arresto, il Vaticano deve mantenere la rotta. Anzi, è necessario un nuovo impegno nei confronti degli obiettivi e dei principi delineati nel 2014.

4. La trasparenza e gli standard internazionali offrono un buon punto di riferimento per assicurare che il Vaticano (e i suoi stakeholder, compresi i suoi numerosi donatori) siano consapevoli di come viene amministrato il patrimonio.

5. Attraverso una migliore gestione degli affari economici, il Vaticano può sostenere meglio la sua missione, i poveri e i vulnerabili. Un piccolo miglioramento in termini di efficienza o di rendimento degli investimenti può fare una grande differenza per le opere di bene che possono essere intraprese. È un modo molto pratico per affrontare le sfide finanziarie del Vaticano.

6. La Chiesa non è e non intende essere un'azienda, ma può gestirsi come un'azienda - anzi, è chiamata a farlo!

Il cardinale Pell dichiarò durante una conferenza stampa tenutasi all'avvio del percorso di riforma economica che l'obiettivo delle riforme economiche è quello di essere "noiosamente efficaci".

Mentre i fedeli di tutto il mondo leggono degli scandali e della cattiva gestione di cui si sta occupando il tribunale vaticano, vengono in mente due pensieri: non ci possono essere più scuse e, chiaramente, c'è ancora un bel po' di strada da fare.

# Sulla morte, le esequie e il coraggio del cardinale George Pell

*George Weigel*

> 'Per amor di Dio, sediamoci sulla nuda terra
> A recitar le tristi cronache della morte dei re'
> *Riccardo II*

Il cardinale George Pell, morto improvvisamente per arresto cardiaco il 10 gennaio 2023 in seguito a un intervento di protesi all'anca riuscito, disdegnerebbe l'idea di essere una sorta di re, o addirittura un principe, benché di fatto fosse un principe della Chiesa e, nel cuore di molti cattolici, la guida titolare dell'ortodossia cattolica dinamica dopo la morte del Papa emerito Benedetto XVI. Sebbene stia sorridendo dalla Comunione dei Santi dove ora si trova, George Pell è stato davvero una figura seria e formidabile del cattolicesimo contemporaneo, tanto quanto lo furono i re di cui Riccardo II lamentava la morte negli incomparabili versi di Shakespeare. In che modo? Lasciatemi citare alcuni esempi.

Praticamente da solo, Pell ha fermato l'emorragia dottrinale e disciplinare del cattolicesimo australiano che avrebbe con ogni probabilità portato la chiesa locale a diventare un simulacro, meno abbiente, del cattolicesimo tedesco apostata.

È stato la forza trainante dell'opera di revisione (e di notevole miglioramento) delle traduzioni in inglese delle preghiere del rito romano, ora più eleganti e curate, e più fedeli ai testi originali in latino.

Ha svolto un ruolo importante nell'elezione del cardinale Joseph Ratzinger al soglio pontificio come Benedetto XVI e successivamente ha portato quel Papa (con il quale aveva collaborato all'epoca in cui Ratzinger era Prefetto della Congregazione per la Dottrina della Fede) a Sydney in occasione della Giornata Mondiale della Gioventù del 2008: un evento che ha avuto un effetto propulsivo in Australia simile a quanto accaduto al cattolicesimo negli Stati Uniti dopo la Giornata Mondiale della Gioventù del 1993: ha cioè trasformato la nuova evangelizzazione da uno slogan a una grande strategia ecclesiale con effetti pastorali reali e tangibili.

È stato il più forte antagonista della dittatura del relativismo woke nella vita pubblica australiana, un vigoroso oppositore di quella che Giovanni Paolo II definì la "cultura della morte" per la sua apertura verso l'aborto e l'eutanasia, un critico intelligente dei "nuovi atei" come Richard Dawkins e del flagello dei profeti del cambiamento climatico catastrofico e antropocentrico come Bill McKibben.

Ha svolto un ruolo centrale nel denunciare il modo in cui il personale del Sinodo dei Vescovi ha cercato di pilotare la riunione del 2014 di quell'organismo, riprovandoci poi con il Sinodo del 2015.

Ha ispirato una generazione di giovani sacerdoti e vescovi australiani a essere i buoni pastori che sono stati ordinati ad essere, difendendo le loro greggi dalla tossicità della decostruzione postmoderna della persona e sfidando tutti i battezzati a essere agenti nella costruzione di una cultura della vita attraverso la forza del Vangelo.

Ha vissuto la vita del buon pastore che ha chiesto agli altri di vivere, invitando una volta trenta senzatetto a colazione nella sua residenza arcivescovile e andando per le strade a condividere un pasto con loro una volta al mese - e senza portare con sé una troupe televisiva.

Ha sfidato il potere dei media e ha respinto le brutali calunnie a cui è stato sottoposto dalla maggior parte della stampa australiana, compresa la Australian Broadcasting Corporation, finanziata dal governo. E nelle rare occasioni in cui gli è stata concessa l'opportunità di esprimersi, ha dato il meglio di sé, con forza ma anche con un buon umore che spesso mancava ai suoi detrattori.

Dopo essere stato chiamato a Roma da Papa Francesco, il cardinale Pell ha fatto grandi passi avanti nella lotta alla corruzione finanziaria della Santa Sede, riformando a fondo la Banca Vaticana e individuando ulteriori riforme necessarie a garantire l'integrità e la solvibilità del Vaticano - fino a quando non è venuto meno il sostegno della massima autorità, su cui contava.

Ha sfidato la manipolazione viziosa e scorretta del sistema giudiziario penale dello stato australiano di Victoria, che gli è costata 404 giorni di carcere in isolamento prima di essere trionfalmente scagionato da accuse poco plausibili di abusi sessuali "storici" dall'Alta Corte australiana (che ha sostanzialmente detto, della giuria del processo che lo ha condannato e della maggioranza della commissione d'appello che ha confermato la condanna, che avevano agito in modo irrazionale). Vincendo la sua causa, e nonostante le grandi sofferenze, Pell ha contribuito a salvare ciò che resta dello Stato di diritto nel Paese a lui caro e ha lasciato tre volumi di diari di prigionia che sono diventati un classico della spiritualità contemporanea, capaci di dare conforto alle persone di tutto il mondo.

## Le esequie romane

Dopo un giorno di camera ardente nella piccola chiesa di Santo Stefano degli Abissini alle spalle di San Pietro, dove gli amici hanno potuto pregare accanto al feretro e cospargerlo di acqua benedetta (una bella usanza italiana), la Messa esequiale del cardinale Pell è stata celebrata il 14 gennaio 2023 nell'abside della Basilica Vaticana, sotto il colossale capolavoro in bronzo di Gianlorenzo Bernini, l'Altare della Cattedra. Le liturgie non papali, comprese le liturgie funebri dei cardinali, vengono sempre celebrate in quell'ampio spazio. Ma chi è veterano di questi eventi ha riferito che la congregazione che si è radunata per dare l'estremo saluto a George Pell e per supplicare il Padre misericordioso di accogliere il suo servo nell'abbraccio della Trinità, era la più numerosa che avesse mai visto. Fino a poco prima dell'inizio della messa, i sanpietrini, gli addetti alla basilica, sistemavano freneticamente le sedie dietro i banchi dell'immensa abside, già stracolma. Il pubblico ha così riempito l'intera area compresa tra l'Altare della Cattedra e un altro trionfo del Bernini, il baldacchino che sovrasta l'altare maggiore papale sotto la grande cupola della basilica. Citando le parole di uno dei collaboratori di lunga data del cardinale, "Quando la gente arriva da ogni parte del mondo con poco preavviso, questo vuol dire qualcosa".

La liturgia funebre è stata celebrata dal cardinale Giovanni Battista Re, decano del collegio cardinalizio, con decine di cardinali e vescovi concelebranti e altri presenti "in coro". Tra i concelebranti vi erano i due oppositori più refrattari alle riforme finanziarie di Pell, il cardinale Domenico Calcagno e il cardinale Giovanni Angelo Becciu (il cui invio di fondi vaticani in Australia durante il purgatorio giudiziario di Pell non è mai stato spiegato in modo soddisfacente, e che ha rilasciato una dichiarazione egoistica e ipocrita in occasione della morte di Pell). Vi era poi il cardinale Michael Czerny, SJ, la cui tesi di dottorato intitolata "Feuerbach il maestro e Marx il profeta: una introduzione alla religione" era stata letta da Pell, che ha ottenuto il dottorato a Oxford, che la definì terribile. Più opportunamente, tra i concelebranti vi erano molti uomini che stimavano George Pell: tra questi il vicario di Roma emerito, il cardinale Camillo Ruini, i cardinali americani Raymond Burke, James Harvey e Edwin O'Brien, e il nigeriano Francis Arinze, nonagenario. L'unico concelebrante non episcopale è stato l'ultimo segretario-sacerdote di Pell, padre Joseph Hamilton.

Nella sua omelia il cardinal Re ha definito il cardinale scomparso "uomo di Dio e uomo della Chiesa" caratterizzato da "una profonda fede e grande saldezza di dottrina, che sempre difese senza tentennamenti e con coraggio, preoccupato soltanto di essere fedele a Cristo". E anche se ad alcuni potrebbe sembrare una frase fatta, in questa circostanza non lo era affatto. Mi è sembrato piuttosto sincero, poiché Pell e Re si rispettavano a vicenda e avevano collaborato in più di un'occasione per evitare quelle che ritenevano sarebbero state decisioni catastrofiche da parte dell'attuale amministrazione papale. La lettura del Vangelo durante la liturgia funebre è stata altrettanto calzante, date le circostanze della morte del cardinale: in Luca 12 il Signore loda "quei servi che il padrone, arrivando, troverà vigilanti". Né il cardinale decano ha mancato il bersaglio quando ha osservato che George Pell è stato un "protagonista volitivo e deciso", caratterizzato da un "carattere forte". Il cardinal Re avrebbe potuto aggiungere che, a differenza dei suoi avversari giornalisti, politici ed ecclesiastici, Pell, pur combattendo duramente, ha sempre combattuto con lealtà.

Come è consuetudine in queste occasioni, il Papa ha presieduto il rito dell'*Ultima Commendatio* e della *Valedictio*, dopo essere stato trasportato in sedia a rotelle nell'abside della basilica e poi fatto salire su una sedia trasportabile. Pur con l'aria malferma, Papa Francesco ha affidato il defunto alla misericordia di Dio e, dopo essere stato condotto in sedia a rotelle fuori dall'abside, si è fermato un momento per salutare il fratello del cardinale Pell, David, che ha detto a Francesco del fratello: "Era tuo amico". Il Papa ha dato una pacca sulla spalla a David Pell.

L'unico momento poco dignitoso è arrivato alla fine del rito funebre, quando sei sanpietrini sono rimasti in piedi intorno al feretro, apparentemente senza sapere cosa fare. Sono arrivati i rinforzi e la pesante bara che portava le spoglie del cardinale George Pell, un uomo grande sotto tutti i punti di vista, è stata trasportata fuori da San Pietro mentre la congregazione scoppiava in un fragoroso applauso spontaneo e prolungato, esprimendo così il proprio giudizio su una grande vita.

## Gli ultimi testamenti, per così dire

Nella predica che pronunciò in occasione della messa funebre del suo amico e mentore, il leader del partito laburista australiano B.A. Santamaria, ferocemente anticomunista e fortemente cattolico, l'allora arcivescovo Pell di Melbourne disse: "Ci è stato insegnato che un falso profeta si distingue per il fatto che tutti parlano bene di lui. Nella morte, come nella vita, Bob Santamaria è sfuggito trionfalmente a questo destino". Lo stesso si potrebbe dire di George Pell. E le calunnie anti-Pell si sono moltiplicate mentre i sostenitori di un cattolicesimo "light" fanno i conti con due documenti che, a torto o a ragione, saranno considerati come l'ultimo testamento del cardinale.

Il primo è un articolo pubblicato sullo *Spectator* di Londra qualche giorno dopo la morte del cardinale, nel quale critica aspramente il documento di lavoro per il Sinodo sulla sinodalità.

Il linguaggio usato da Pell è molto duro: il processo sinodale si è trasformato in un "incubo tossico" in cui i vescovi, normalmente ritenuti i protagonisti di un Sinodo *dei Vescovi*, sono stati di fatto messi da parte; inoltre, il documento di lavoro per la fase continentale del

Sinodo viene definito una "effusione di buona volontà in stile New Age. Non è una sintesi della fede cattolica o dell'insegnamento del Nuovo Testamento. È incompleto, fortemente ostile alla tradizione apostolica e non riconosce in alcun modo il Nuovo Testamento come Parola di Dio, su cui si basano tutti gli insegnamenti sulla fede e sulla morale". Il cardinale si dice inoltre molto preoccupato del fatto che il Relatore principale del Sinodo che avrà inizio nell'ottobre 2023 sarà il cardinale lussemburghese Jean-Claude Hollerich, SJ, il quale ha "pubblicamente respinto gli insegnamenti fondamentali della Chiesa sulla sessualità, sostenendo che contraddicono la scienza moderna. In tempi normali questo avrebbe significato che la sua permanenza come Relatore sarebbe stata inopportuna, se non addirittura impossibile".

Nonostante le caricature, George Pell non era un uomo autoritario (a differenza di alcuni di coloro che hanno guidato il processo sinodale). Nel suo articolo pubblicato sullo *Spectator*, egli riconosce apertamente le "mancanze dei vescovi, che a volte non ascoltano … e possono essere clericali e individualisti." Ma Cristo ha ordinato che la sua Chiesa sia governata da vescovi che, come scrive Pell, sono stati, "fin dai tempi di Sant'Ireneo di Lione … garant(i) della continua fedeltà all'insegnamento di Cristo, la tradizione apostolica". E questa è la domanda di fondo di tutta la discussione, spesso fiacca, sulla "sinodalità" nella Chiesa contemporanea, sia che si tratti del "cammino sinodale" della Chiesa tedesca, sia che si tratti di questo Sinodo sulla sinodalità nelle sue varie fasi: la rivelazione divina è reale, autorevole e vincolante nel tempo, oppure la nostra esperienza contemporanea ci autorizza a modificare, aggiustare o addirittura a rinunciare a ciò che ci viene trasmesso attraverso la Bibbia e la tradizione apostolica?

Il secondo di questi "ultimi testamenti" è in realtà un documento previo, una critica generale dell'attuale pontificato, pubblicata per la prima volta nel marzo scorso sul blog *Settimo Cielo* del veterano vaticanista Sandro Magister - l'autore è stato identificato con lo pseudonimo "Demos".

Il giorno dopo la morte del cardinale Pell, Magister ha dichiarato sul suo blog che "Demos" era in realtà George Pell. A giudicare dal testo e dalle mie conversazioni con il cardinale, mi sembra plausibile che il documento sia stato il risultato di conversazioni tra diversi membri del collegio cardinalizio, conversazioni di cui il cardinale Pell è stato probabilmente il redattore finale.

Il manifesto di "Demos" è meno polemico dell'articolo dello *Spectator* ed espone le argomentazioni contro l'attuale direzione della politica e dell'azione del papato in diversi ambiti: teologico/dottrinale, giuridico e amministrativo. Il manifesto merita una lettura attenta e approfondita, per cui mi limiterò a citare solo alcuni punti sintetici.

L'attuale amministrazione papale sembra poco chiara sulla natura dell'ufficio petrino nella Chiesa. Va bene che questo Papa o qualsiasi altro pontefice incoraggi i giovani a "fare disordine" nel cercare nuovi modi di portare Cristo agli altri e di servire gli emarginati. Ma il *papato* non esiste per fare disordine. Come dice "Demos", "prima il motto era *Roma locuta. Causa finita* (Roma ha parlato. La causa è definitamente chiusa). Oggi è: *Roma loquitur. Confusio augetur* (Roma parla. La confusione aumenta)".

Vi è una forte carenza di cristocentrismo nell'insegnamento della Chiesa di oggi. Ciò si manifesta in molti modi, non ultimo negli "attacchi sistematici" alla "eredità cristocentrica di San Giovanni Paolo II", che si manifestano nello smantellamento dell'Istituto Giovanni Paolo II sul matrimonio e la famiglia dell'Università Lateranense (oggi privo di studenti) e negli attacchi all'insegnamento di Giovanni Paolo contenuto nella Veritatis splendor in diverse sedi accademiche romane e nella Pontificia Accademia per la Vita.

L'illegalità, piuttosto che la giustizia, caratterizza in questo momento il sistema amministrativo e giudiziario vaticano. "Demos" critica persino il fatto che il cardinale Becciu sia stato "rimosso dal suo ufficio" e privato di molti dei suoi privilegi "in assenza di prove" e senza "un giusto processo". Lo stesso si potrebbe dire per il modo in cui questo pontificato ha trattato l'arcivescovo di Parigi e il vescovo di Arecibo a Porto Rico. Gli atti illegali compiuti in Vaticano durante l'attuale pontificato, comprese le intercettazioni telefoniche e la confisca di beni, non sono una cosa rara.

L'uso costante del *motu proprio* come strumento di governo papale è paragonabile al ricorso eccessivo agli ordini esecutivi dei presidenti degli Stati Uniti e tradisce un certo approccio autocratico al governo.

Le finanze vaticane rimangono in grave difficoltà, in termini di procedure finanziarie all'interno della Santa Sede, di politiche e pratiche di investimento e di ingenti impegni pensionistici senza copertura finanziaria.

L'autorità morale della Santa Sede negli affari mondiali è "in fase calante", grazie all'attuale politica vaticana nei confronti della Cina e alle analoghe modalità di approccio del Vaticano ad altri paesi autoritari, in cui il "dialogo" ha sostituito la chiara testimonianza morale e la strenua difesa dei cristiani perseguitati.

Il documento firmato "Demos" termina con una indicazione di cosa dovrà fare il prossimo conclave per eleggere il papa.

All'interno della Chiesa, le persone serie si chiederanno se questi testi descrivono accuratamente l'attuale situazione della Chiesa cattolica. Lasciamo che siano i critici a dimostrare il contrario.

## "Non abbiate paura"

La morte di Benedetto XVI è stata motivo di profonda tristezza, ma il dolore è stato sopportabile perché ci si aspettava la sua morte da anni. La scomparsa di George Pell ha inferto come fulmine a ciel sereno su coloro che guardavano a lui come guida nell'attuale situazione della Chiesa cattolica. I suoi amici si sentono privati di una fonte di saggezza, di forza e, sì, di gioia, perché il cardinale Pell era immensamente divertente. E, va detto, era forse il cardinale che più di ogni altro, ha trasmesso vigore ai suoi colleghi cardinali è uscito fuori di scena. Quindi cosa ci sta dicendo il Signore? Forse si potrebbe ipotizzare che il messaggio sia questo: è tempo che altri nel collegio cardinalizio si facciano avanti e mostrino la grinta e la forza d'animo che hanno contraddistinto il servizio di George Pell alla Chiesa.

Quando è stato nominato vescovo, Pell ha assunto come motto episcopale la frase simbolo di Giovanni Paolo II, contenuta nell'omelia della sua Messa inaugurale del 22 ottobre 1978: "Non abbiate paura". Vivendo questa ingiunzione nella propria vita, George Pell ha aiutato molti, molti altri a vivere non tanto senza paura, ma oltre la paura: ad affrontare le nostre sfide con la certezza che Cristo ha trionfato sul peccato e sulla morte e che Cristo è il responsabile ultimo della Chiesa. Il nostro compito è quello di conformare la nostra vita, il nostro insegnamento e la nostra azione a queste realtà fondamentali della vita cristiana.

È, in verità, un momento di paura nella Chiesa cattolica, non più di quanto lo sia in un Vaticano in cui la paura è arrivata a dominare l'atmosfera sotto Papa Francesco. Poiché colui che era la personificazione dell'intrepidezza cattolica, il cardinale George Pell, è andato incontro alla sua ricompensa eterna, quelli di noi che lo hanno amato e che hanno avuto la fortuna di collaborare con lui sono chiamati ora a vivere quell'intrepidezza e richiamare gli altri ad essa - specialmente con coloro a cui spetterà il compito di assicurare alla Chiesa la futura direzione papale.

# Il diritto di ricevere il segreto della vita e della morte

*Cardinale George Pell*

Noi credenti conosciamo bene le benedizioni che abbiamo ricevuto in Gesù Cristo, noi sappiamo che "Il popolo che abitava nelle tenebre vide una grande luce e per quelli che abitavano nelle regioni di ombra di morte, una luce è sorta" (Isaia 9,1)

Noi conosciamo la chiamata di Gesù, attraverso il Battista, alla conversione "Convertitevi perché il regno di Dio è vicino" (Mt 4,17), ma noi cattolici anziani o, meglio, adulti, siamo benedetti anche perché abbiamo vissuto, in quasi quarant'anni, il tempo di Giovanni Paolo II e Benedetto XVI.

Questi anni sono stati apicali per tutta la storia: il papato di Giovanni Paolo II, è uno dei papi più grandi della storia della chiesa, non soltanto per il suo ruolo nel crollo del comunismo, ma anche per tutto il mondo occidentale perché, dopo il Concilio Vaticano II, le chiese in Olanda e Belgio sono crollate radicalmente, con il pericolo che questo crollo potesse essere ancora più vasto.

Io credo che Giovanni Paolo, in qualche modo, abbia stabilizzato la Chiesa nel mondo occidentale.

Per tutti questi motivi, in questi giorni, noi non celebriamo la fine di un'epoca ma celebriamo il contributo di questi due grandi papi. Noi crediamo che questa tradizione deve continuare nella Chiesa di domani. Non che questa sia l'unica condizione – non deve essere un monopolio – infatti, ci sono tante altre condizioni buone, ma questa ha dato un contributo speciale a tutta la Chiesa e, soprattutto, ai giovani. Infatti, veramente tanti giovani, seguivano sia il papa Giovanni Paolo II che il papa Benedetto XVI.

Quali sono gli elementi di questo patrimonio di Wojtyła e Ratzinger?

1. Erano veri cristiani.

Avevano capito che il segreto della vita e della morte sono presenti nella vita e nell'insegnamento di Gesù Cristo. Essi erano missionari della verità. Noi non costruiamo la verità, noi non abbiamo la capacità di cambiare la verità. Noi possiamo solo riconoscere la verità e, a volte, la verità non è del tutto bella. A volte la verità è sconcertante e difficile da accettare.

Questi due papi non affermavano che l'insegnamento di Gesù era condizionato dall'epoca, dall'Impero Romano, dai pagani. Non affermavano che l'insegnamento essenziale e centrale dovesse essere aggiornato, cambiato radicalmente. Non affermavano: "Non sappiamo cosa Gesù ha detto perché non c'erano registratori". Accettavano l'insegnamento di Gesù così come è arrivato a noi. Come per loro, anche per noi, Gesù rimane la via, la verità e la vita.

2. Erano ottimisti.

Credevano che le comunità dei cristiani e l'insegnamento di Gesù fosse un grande aiuto per vivere bene; Gesù non è venuto in mezzo a noi per farci soffrire e loro credevano soltanto nella virtù cristiana della speranza.

Lo scrittore inglese G. K. Chesterton scrive: "La virtù della speranza è soltanto possibile quando non c'è speranza umana". Questi due papi non credevano questo, perché il mondo è migliore, invece, quando seguiamo l'insegnamento di Gesù. Le famiglie rimangono insieme, sono più felici, le comunità sono più brave, seguono la legge. E in un mondo cristiano le famiglie sono stabili, i giovani sono meno fragili, sono più forti spiritualmente e psicologicamente.

Come cristiani noi abbiamo qualcosa di buono da offrire al mondo: la croce non è troppo pesante.

Noi, che siamo cristiani, sappiamo che dobbiamo amarci gli uni gli altri, dobbiamo seguire i precetti che Gesù ci ha dato. "Chi osserva i suoi comandamenti rimane in Dio e Dio in Lui". (1 Gv 3,23)

C'era un filosofo inglese ateo che ha affermato che i dieci comandamenti sono come un esame finale, basta riuscire a viverne bene sei su dieci. E invece no, dobbiamo cercare di seguirli tutti.

Noi sappiamo che la nostra vita è una lotta contro l'egoismo. Questi due papi hanno vissuto durante gli anni della Seconda guerra mondiale. Wojtyła [inoltre] ha vissuto il comunismo. Entrambi capivano l'importanza della lotta contro il nostro egoismo e sapevano distinguere tra lo spirito della verità e lo spirito dell'errore.

3. Comprendevano l'importanza dei sacramenti e, specialmente, dell'Eucaristia.

L'Eucaristia non è soltanto una celebrazione orizzontale ma è un atto di preghiera, di adorazione; come stamattina, quando abbiamo iniziato con la preghiera, mettendo al centro Dio. E deve essere così, perché Dio è trascendente, fuori da tutta la nostra esperienza, fuori dal nostro mondo. La dimensione verticale della religione è essenziale.

4. Comprendevano il ruolo del successore di Pietro nella vita della Chiesa cattolica.

Noi cattolici dobbiamo ricordare che l'unità universale della chiesa non è qualcosa di scontato o di facile. È un dono molto prezioso che dobbiamo stare attenti a custodire per non danneggiarlo. Voi ccomunità carismatiche dovete comprendere la necessità di mantenere l'unità.

L'insegnamento per ogni uomo lo troviamo scritto nel capitolo 16 di Matteo e in Giovanni 21.

Pietro è l'uomo di roccia, fondamento della chiesa. Il suo compito è proteggere e difendere la dottrina apostolica.

Questi due papi hanno capito bene che noi non siamo i maestri della dottrina apostolica; noi siamo i difensori. Noi serviamo e rispettiamo questa preziosa regola della fede.

Tutti i cattolici, di qualunque età, in tutto il mondo, hanno il diritto di ricevere lo stesso insegnamento che Gesù e gli apostoli diedero nei primi anni del cristianesimo. Questa è la dottrina cattolica.

Entrambi i papi erano uomini di coraggio, ma nello stesso tempo prudenti: c'è il momento di parlare e il tempo di tacere, ma il coraggio è sempre essenziale.

Si potrebbe pensare che, in futuro, ci potranno essere papi dell'Asia o dell'Africa; oggi abbiamo un papa del sud dell'America, bravo e buono.

Questi due papi erano, invece, europei, esempi di uomini profondamente conoscitori dell'alta cultura del mondo occidentale. Conoscevano bene la teologia e la filosofia della chiesa e avevano una grande capacità di dialogare con i più bravi atei del mondo di oggi. Questo è importante e utile.

Tutti e due hanno capito l'importanza di noi tutti nella chiesa di aiutare i sofferenti, i malati, i tormentati, indemoniati, epilettici, paralitici, zoppi fisicamente e spiritualmente questo è il compito della Chiesa: *Caritas in Veritate*.

Ringraziamo Dio per questi due papi e preghiamo che la loro eredità possa continuare nel futuro.

**Il cardinale George Pell ha rivolto questa omelia in italiano alla comunità carismatica *Magnificat Dominium* a San Giovanni Rotondo il 7 gennaio 2023. Questa è stata la sua ultima omelia pubblica.**

*Bishop George Pell with Fr Joseph Fessio SJ, founder of Ignatius Press, 1992.*
*(Photo courtesy of Michael Gilchrist)*

**Italian**: *Mons. George Pell con il P. Joseph Fessio SJ, fondatore di Ignatius Press, 1992.*

**Spanish**: *Mons. George Pell con el P. Joseph Fessio SJ, fundador de Ignatius Press, 1992.*

**French** : *Mgr George Pell avec le Père Joseph Fessio SJ, fondateur d'Ignatius Press, 1992.*

*Bishop George Pell with Fr Kenneth Baker SJ, Editor of* Homiletic and Pastoral Review, *1992. (Photo courtesy Michael Gilchrist)*

**Italian**: *Mons. George Pell con il P. Kenneth Baker SJ, editore di* Homiletic and Pastoral Review, *1992.*

**Spanish**: *Mons. George Pell con el padre Kenneth Baker SJ, editor de* Homiletic and Pastoral Review, *1992.*

**French** : *Mgr George Pell avec le Père Kenneth Baker SJ, rédacteur de la revue* Homiletic and Pastoral Review, *1992.*

*Archbishop George Pell celebrating Mass at his installation as Archbishop of Melbourne, 1996.*
*(Photo courtesy John Casamento Photography)*

**Italian**: *L'arcivescovo George Pell celebra la Messa in occasione del suo insediamento come arcivescovo di Melbourne, 1996.*

**Spanish**: *El arzobispo George Pell celebra la misa en ocasión de su instalación como arzobispo de Melbourne, 1996.*

**French** : *L'archevêque George Pell célébre la messe à son installation comme archevêque de Melbourne, 1996.*

*Archbishop George Pell distributes Communion to his brother David, 1996.*
*(Photo courtesy John Casamento Photography)*

**Italian**: *L'arcivescovo George Pell distribuisce la comunione a suo fratello David, 1996.*

**Spanish**: *El arzobispo George Pell distribuye la comunión a su hermano David, 1996.*

**French** : *L'archevêque George Pell distribue la communion à son frère David, 1996.*

*Archbishop George Pell meets well-wishers after his installation as Archbishop of Melbourne, 1996.*
*(Photo courtesy John Casamento Photography)*

**Italian**: *L'arcivescovo George Pell incontra i presenti dopo il suo insediamento come arcivescovo di Melbourne, 1996.*

**Spanish**: *El arzobispo George Pell se reúne con simpatizantes después de su instalación como arzobispo de Melbourne, 1996.*

**French** : *L'archevêque George Pell rencontre des sympathisants après son installation comme archevêque de Melbourne, 1996.*

*Cardinal George Pell with his sister Margaret and brother David, 2004.*
*(Photo courtesy Michael Gilchrist)*
**Italian**: *Il cardinale George Pell con la sorella Margaret e il fratello David, 2004.*
**Spanish**: *El cardenal George Pell con su hermana Margaret y su hermano David, 2004.*
**French** : *Le cardinal George Pell avec sa sœur Margaret et son frère David, 2004.*

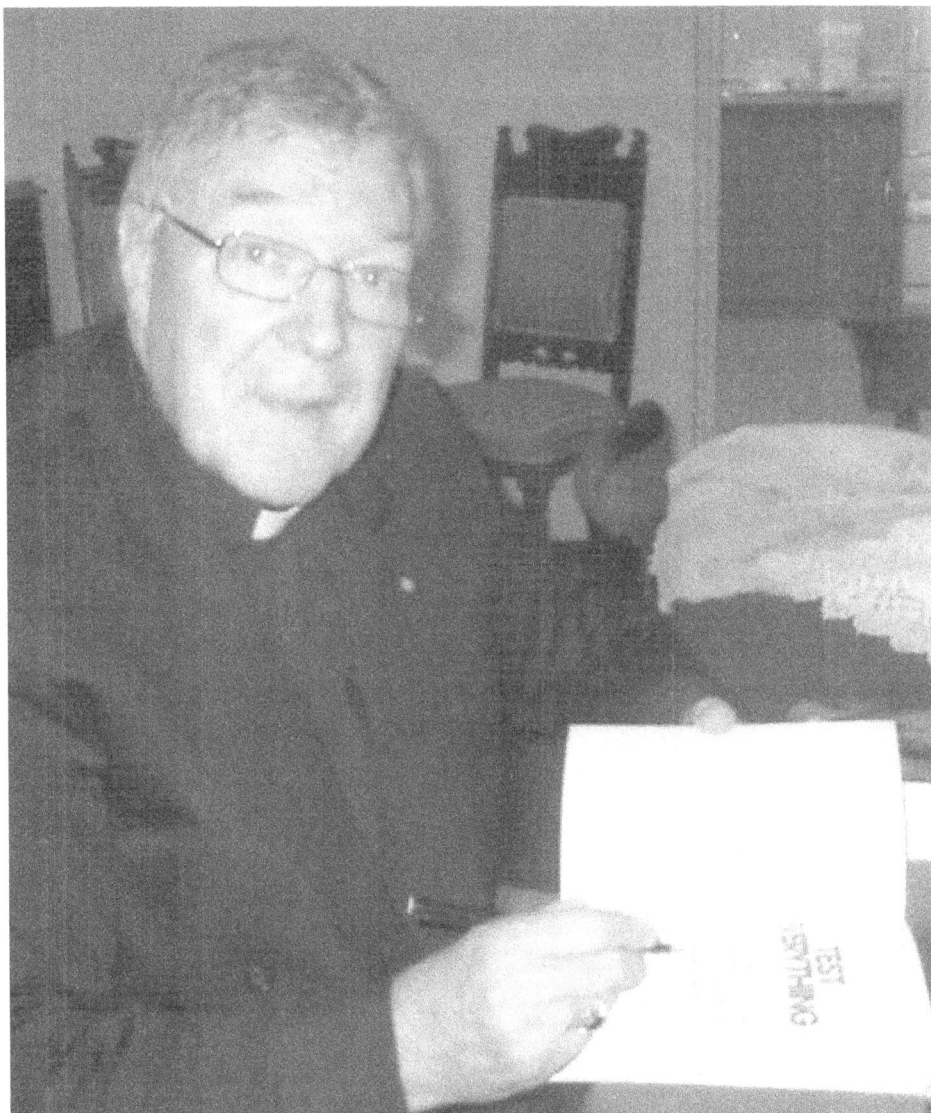

*Cardinal George Pell at the launch of his book, Test Everything, 2010.*
*(Photo courtesy Michael Gilchrist)*
**Italian**: *Il cardinale George Pell alla presentazione del suo libro "Test Everything", 2010.*
**Spanish**: *El cardenal George Pell en la presentación de su libro Test Everything, 2010.*
**French** : *Le cardinal George Pell lors de la presentation de son livre Test Everything, 2010.*

*Cardinal George Pell giving an address at Campion College, 2022.*
*(Photo courtesy Campion College)*
***Italian***: *Il cardinale George Pell tiene un discorso al Campion College, 2022.*
***Spanish***: *El cardenal George Pell pronuncia un discurso en el Campion College, 2022.*
***French*** : *Le cardinal George Pell prononce un discours au Campion College, 2022.*

# George Pell, mártir blanco

*Cardenal Oswald Gracias*

Las vestiduras color escarlata son un llamado, como se deja claro a todos los nuevos cardenales en un consistorio: "Debéis estar dispuestos a comportaros con fortaleza, *usque ad effusionem sanguinis* hasta el derramamiento de vuestra sangre ...".

Cuando era un joven seminarista oí los nombres de József Mindszenty de Esztergom (Estrigonia, Hungría), Josef Beran de Praga, Josyf Slipyj de Lviv (Ucrania). Esos cardenales 'gigantes' fueron encarcelados y exiliados. Algunos de los cardenales de aquella época ya han sido beatificados: El cardenal Aloysius Stepinac, de Zagreb y el cardenal Stefan Wyszyński, de Varsovia. He leído sus historias y admirado desde la distancia su testimonio.

Ahora añadiría a esa lista a George Pell, un colega cercano, un amigo y hermano en el Colegio Cardenalicio. Vivió de manera ejemplar la misión cardenalicia de la fortaleza.

Su condena injusta en Australia, fruto de una campaña de difamación pública en su contra, fue un 'martirio blanco', pasando 404 días en régimen de aislamiento, negándosele incluso la posibilidad de celebrar la Eucaristía. El testimonio de aquel calvario, recogido en los tres volúmenes de su Diario en prisión (Madrid, Palabra, 2021), es la prueba de que una celda pequeña no puede confinar un alma grande. El Diario, animado por la esperanza cristiana y la magnanimidad hacia sus perseguidores, es una preciosa contribución al corpus de la inspiradora literatura carcelaria cristiana.

Su muerte repentina e inesperada –nos habíamos reunido brevemente pocos días antes– priva a la Iglesia de su voz clara y valiente.

Agradezco, por tanto, a los editores de este volumen en memoria del cardenal Pell, y me complace recomendarlo a los lectores mediante esta introducción.

En el momento de su muerte, tenía más de 80 años y estaba retirado de todas sus funciones 'oficiales'. Sin embargo, el cardenal Pell estaba completamente comprometido con la vida de la Iglesia, y sus contribuciones eran muy valiosas. De hecho, el efecto purificador de su injusto encarcelamiento confiere a sus reflexiones una mayor gravedad y una resonancia aún más amplia. Debemos escuchar con atención el testimonio y las reflexiones de este mártir blanco.

Incluso antes del testimonio de sus últimos años, el cardenal Pell tuvo un impacto inusualmente grande en la vida de la Iglesia universal, además de su singular estatus en Australia –el único clérigo hasta la fecha que ha servido como arzobispo de Melbourne y arzobispo de Sídney–.

En la década de los noventa, siendo un joven obispo auxiliar, fue nombrado miembro de la Congregación para la Doctrina de la Fe. Allí comenzó su colaboración con el cardenal Joseph Ratzinger, a quien más tarde recibiría en Sídney como papa Benedicto XVI, con motivo de la Jornada Mundial de la Juventud, del año 2008.

En el año 2001, la Santa Sede creó el comité Vox Clara de obispos del mundo anglófono para asesorar sobre una nueva traducción del Misal Romano. George Pell, que aún no era cardenal, fue nombrado presidente, y yo, en ese entonces con sede Agra (India) como arzobispo, fui el vicepresidente. Esto explica un poco nuestra estrecha vinculación y amistad.

Vox Clara tenía un objetivo asombrosamente ambicioso: ayudar a producir una traducción única de la Santa Misa para todos los católicos de habla inglesa del planeta. La traducción resultante –precisa, accesible y digna del culto sagrado– fue una de las reformas litúrgicas más importantes de los últimos cincuenta años. El cardenal Pell logró unir a un comité variopinto en sintonía en torno a la lex orandi de la Iglesia.

Hoy, los católicos ofrecen las mismas oraciones en la Misa, ya sea en Ballarat, la ciudad natal de Pell en Australia, en la catedral de San Mateo el Apóstol de Washington, D. C. (en los Estados Unidos), donde he celebrado varias veces la Eucaristía, o en nuestras iglesias de Bombay (India). La unidad en el culto a través de diferentes continentes y culturas fue un logro tremendo; pocos prelados han fortalecido tanto la comunión eclesial como lo hicieron el cardenal Pell y el Comité Vox Clara.

Tras diez años de arduo trabajo, intensas reuniones, muchas discusiones, una gran implicación del Dicasterio Vaticano y auténticos esfuerzos de colaboración de todos los miembros en busca de un objetivo concreto, se completó el proyecto de una traducción al inglés teológicamente sólida del Misal romano. El cardenal Pell era nuestro líder, y sin duda estaba al mando de aquel proyecto. Bajo su liderazgo, el trabajo sobre el Misal se llevó a buen puerto. Me sorprendió y alegró cuando fuimos llamados a una colaboración aún mayor, en el año 2013, cuando el papa Francisco nos nombró a ambos para formar parte del consejo de cardenales: ocho cardenales procedentes de diversos continentes para asesorar al papa en diferentes asuntos. Nos reuníamos durante tres días, cinco veces al año. Fue un trabajo intenso en el que reflexionábamos con el Santo Padre el tema de la reforma de la Curia Romana y otros asuntos relacionados con la Iglesia Universal, y sobre los que el Santo Padre deseaba nuestro consejo.

El cardenal Pell era una voz poderosa en favor de la reforma, pues comprendía que la ecclesia semper reformanda era necesaria, precisamente, para que la Iglesia pudiera profundizar en su verdadera identidad, dada por Jesucristo. En nuestras reuniones, era cordial y franco; Pell hablaba con contundencia, pero siempre con respeto fraternal. A veces discrepábamos, pero eso no disminuía el respeto y el afecto que nos teníamos. Teníamos el mismo objetivo en mente y ambos lo reconocíamos. Él insistía en que toda reforma auténtica debía estar enraizada en la verdad del Evangelio; sin eso, la comunión cedería ante la confusión.

El papa Francisco se fijó en las cualidades y la competencia de Pell, por lo que no tardó en nombrarlo primer Prefecto de la Secretaría para la Economía, encomendándole la inmensa tarea de erradicar cualquier rastro de mala administración de los bienes temporales de la Iglesia, aumentando la transparencia, promoviendo buenas políticas financieras y planificando estrategias para administrar con pericia los recursos materiales de la Santa Sede.

¿Existe algún obispo de las últimas generaciones que haya asumido el liderazgo a nivel de la Iglesia Universal en proyectos tan variados como la traducción del Misal Romano y la elaboración de nuevos protocolos para las finanzas vaticanas?

La historia de la reforma financiera sigue su curso. Algunas de las primeras iniciativas de Pell fueron malinterpretadas. Sin embargo, el tiempo demostró que trabajó en la dirección correcta.

Al trabajar estrechamente con el cardenal Pell durante más de quince años, no siempre estuve de acuerdo con él y no siempre él estuvo de acuerdo conmigo. El cardenal no esperaba que estuviéramos siempre de acuerdo. Era un hombre honesto que decía lo que creía, sin miedo y con franqueza. Y cuando se convenció, como observé en varios sínodos de obispos, de que las enseñanzas de Jesús estaban en juego, habló con pasión y contundencia. El cardenal Pell prestó un enorme servicio a sus hermanos obispos, al Santo Padre y a toda la Iglesia. La suya fue una valiosa contribución, que no podía ser ignorada.

Arzobispo de dos sedes importantes, traductor litúrgico, anfitrión de la Jornada Mundial de la Juventud, reformador de la curia, gestor financiero y asesor papal: todo esto lo hizo al mismo tiempo que se erigía como una voz católica destacada en Australia, los Estados Unidos, el Reino Unido y más allá. Tal vez pensara que su servicio estaba más que concluido cuando cumplió 75 años, en el año 2016.

Sin embargo, aún le quedaba por delante el último gran testimonio. En el año 2017 se presentaron cargos en su contra por conducta sexual inapropiada, cargos en los que los detalles eran totalmente inverosímiles. Lo vi con claridad desde el primer día. Por eso me sorprendió sobremanera la forma en que se estaba desarrollando su proceso. El cardenal Pell en Roma, confiado y tranquilo, pero decidió regresar a Australia para enfrentar el juicio. ¡Era un luchador! Casi tres años de su vida se consumirían en esta extraña acusación, como admitieron incluso sus más acérrimos críticos. Finalmente fue absuelto por unanimidad por la Corte Suprema de Australia.

Sentí un gran alivio de que finalmente se hiciera justicia. Pero el hombre Pell debió haber sufrido mucho. Me asombré cuando unos meses antes de su muerte, durante su visita a Bombay, en nuestras largas conversaciones, no existía el más mínimo rastro de amargura. Sólo podía ser fruto de la gracia y de la nobleza de su naturaleza. Durante nuestras conversaciones busqué la oportunidad de ofrecerle empatía, de decirle que comprendía su dolor. Pero él no lo necesitaba. ¡El pasado era historia!

El funeral del cardenal Pell en la catedral de Santa María en Sídney fue una despedida sublime y apropiada a uno de los más grandes clérigos de Australia y, al mismo tiempo, una dramática representación de la Vía Dolorosa, dado que algunos manifestantes lanzaban insultos contra su féretro. Una nueva era de martirio blanco para la Iglesia.

Muchos de quienes asistieron al cortejo fúnebre se sintieron fortalecidos por el eco en sus oídos y en sus corazones del lema del difunto cardenal: "¡No tengáis miedo!" Él lo tomó del papa San Juan Pablo II, que lo tomó del Señor mismo.

Cuando fui creado cardenal en noviembre del año 2007, el papa Benedicto nos predicó acerca de la misión que debe vivir un cardenal a la luz de la primera carta de San Pedro en el Evangelio (3, 15-17):

*Más bien, glorificad a Cristo el Señor en vuestros corazones, dispuestos siempre para dar explicación a todo el que os pida una razón de vuestra esperanza, pero con delicadeza y con respeto, teniendo buena conciencia, para que, cuando os calumnien, queden en ridículo los que atentan contra vuestra buena conducta en Cristo. Pues es mejor sufrir haciendo el bien, si así lo quiere Dios, que sufrir haciendo el mal.*

George Pell fue creado cardenal en el consistorio anterior, seguramente habría leído esas palabras. Vemos que en la Providencia de Dios su sufrimiento fue su obra más grande. En estas páginas, el cardenal Pell nos habla por última vez. Haríamos bien en escucharle, y en estar agradecidos, como yo lo estoy por el tiempo que hemos pasado juntos en la viña del Señor.

Lamento que nuestro último encuentro, pocos días antes de su muerte, fuera demasiado breve. Podría haber aprendido más, haberme inspirado más. Él ya se ha unido a las filas de los grandes cardenales que lo han dado todo por la Iglesia, en el discipulado del Señor. ¡Echaré de menos a un sabio y querido amigo!

# Pell *contra mundum*

## P. Robert A. Sirico

### Prefacio

Casi no hay nadie que, al mirar con claridad y pensar seriamente acerca de la vida pública en la actualidad, no pueda evitar sentir una gran desesperación entre mucha gente en todo el mundo, que se enfrenta a la incertidumbre económica, la desintegración familiar, un crecimiento gubernamental similar al del Leviatán, un preocupante desprecio por la vida humana y mucho más. Todas estas dificultades podrían rastrearse –a través de una lente teológica– hasta una crisis aún más profunda: una crisis antropológica. Esta crisis antropológica no es la que algunos podrían pensar que han visto en la revista *National Geographic*. La antropología que aquí se aborda es más bien la de una profunda incomprensión de quién es la persona humana, un ser creado a imagen de Dios (imago Dei), cuyo destino final culmina fuera de este mundo presente.

Estoy agradecido de haber pasado bastante tiempo con el cardenal George Pell durante sus últimos días. Hablamos a menudo y en profundidad sobre los graves temas actuales y nos centramos en lo que se podía hacer para aportar cordura a nuestro mundo, y a nuestra Iglesia.

Formé parte de un pequeño grupo que partió el pan con el cardenal Pell la tarde del funeral del papa Benedicto XVI, de feliz memoria. Fue el 5 de enero de 2023. El cardenal Pell entraría en la eternidad pocos días después.

No pretendo sugerir aquí que hablo en nombre de un hombre que ya no puede hablar por sí mismo. Las reflexiones aquí recogidas, excepto cuando cito directamente al cardenal, son solamente mías. Ofrezco estas reflexiones como una forma de saldar una deuda –una gran deuda– que siento que tengo con este difunto Príncipe de la Iglesia, mi amigo. Durante más de un cuarto de siglo, el cardenal Pell fue para mí un mentor, un hermano y un padre. Sabía que el cardenal era un consejero honesto y sabio cuando lo necesitaba, pero también podía ser un crítico lúcido cuando era necesario. También fue un defensor y un apoyo, tanto en mi labor pastoral como en mi trabajo a través del Instituto Acton, como lo fue para tantos otros.

## La última pregunta de Pell a la Iglesia, y a todos nosotros

El cardenal George Pell no era el tipo de persona que, al entrar en una habitación, pasara desapercibida; tampoco vivió su vida de esa manera. Y esto no tenía mucho que ver con su metro noventa de estatura. El cardenal arzobispo de *Down Under* (Australia) destacaba sobre la mayoría de las personas de maneras que iban más allá de lo físico. Eso solía provocar incomodidad en los lugares adecuados.

En los últimos años de su vida, el cardenal Pell se preocupó cada vez más por la dirección y la administración de la Iglesia universal. Como era su costumbre, expresó estas preocupaciones de modo directo.

El actual "proceso sinodal" fue una de esas preocupaciones. Las discusiones en torno al proceso sinodal le parecían ambiguas, confusas y peligrosas.

Lo que animaba la fuerte oposición de Pell a la actual dirección del proceso sinodal era lo que él percibía nada menos que como una hostilidad a la propia tradición apostólica y a la enseñanza normativa de esa tradición sobre la fe y la moral, durante los últimos dos mil años. No se trata, como se puede observar, de una afirmación baladí, especialmente cuando se dirige al prelado luxemburgués a cargo del proceso. El cardenal Pell llegó a afirmar que el prelado había repudiado públicamente la doctrina de la Iglesia, por lo que solicitó su destitución.

Desde el Concilio de Jerusalén hasta el Concilio Vaticano II, los sínodos y concilios de la Iglesia han suscitado polémicas. El actual proceso sinodal no es un caso distinto.

La cuestión esencial que Pell se esforzó por plantear en sus últimos días se reduce a lo siguiente: ¿Existe la Iglesia por virtud de un mandato divino, un depósito de fe confiado a los Apóstoles con la intención desde el principio de ser transmitido fielmente de una generación a otra, intacto?

Esta ha sido siempre la convicción cristiana; es lo que afirman los documentos del Concilio Vaticano II (de hecho, todos los Concilios); es lo que enseña el Catecismo de la Iglesia y es la fidelidad prometida en nuestros bautismos y, para algunos de nosotros, nuevamente en nuestras ordenaciones sacerdotales.

Sin embargo, surge una perspectiva alternativa que se plantea si la Iglesia es esencialmente un proceso abierto de comunidad, en el que las percepciones y experiencias de cada generación posterior deben sumarse a ese depósito y que la comunidad de creyentes puede aportar y modificar lo que la Iglesia es, así como sus bases fundamentales, e incluso puede anular cualquier doctrina fija, definida, firme o sólida ya establecida.

Se trata de saber si la doctrina fundamental de la Iglesia se hereda y se custodia o si la doctrina se inventa y se reinventa continuamente.

No son cuestiones fáciles. Son más bien complejas, y fueron las que atrajeron al cardenal San John Henry Newman a la Iglesia católica.

Newman fue una de las figuras más destacadas de la Iglesia de Inglaterra en el siglo XIX, cuya prosa victoriana e intrincado conocimiento de la Patrística le granjearon el respeto y la admiración de un amplio espectro de sus contemporáneos. Sus reflexiones darían lugar a un redescubrimiento del catolicismo entre los anglicanos, impulsando a muchos de ellos a entrar en la Iglesia romana, lo que llegó a conocerse como el Movimiento de Oxford.

En el año 1845, Newman se convertirá él mismo al catolicismo, pero sólo después de haber escrito un relato detallado y exhaustivo de cómo la fe de los primeros discípulos de Cristo podía transmitirse eficaz y fielmente a través de los tiempos. ¿Cómo conservar esta transmisión a medida que se extienden los tiempos, las lenguas, las costumbres y los descubrimientos científicos?

Puede decirse que Newman se registró a sí mismo en la Iglesia católica al elaborar un libro para responder a esa pregunta: *Ensayo sobre el desarrollode la doctrina cristiana*. Esta es la pregunta que precisamente tiene tanta pertinencia para el estado actual de la Iglesia.

Lo que vino después sorprendió a muchos. El admirado profesor – *don* – de Oxford, y uno de los intelectuales más conocidos de su época, se presentó a la puerta de la rectoría de su obispo católico local para ser recibido en plena comunión con la Iglesia.

Puede resultar difícil, desde nuestra perspectiva contemporánea, apreciar plenamente la disminución de estatus social que esto representaba en la época de Newman, en la que a los católicos no se les permitía estudiar en las grandes universidades inglesas como las de Oxford o Cambridge, y en la que la Iglesia católica romana en Inglaterra era considerada en gran medida como la "misión italiana para los irlandeses".

La conclusión esencial de Newman es la siguiente: si bien el desarrollo de la doctrina de la Iglesia es realmente un proceso dinámico que tiene en cuenta todas las contingencias señaladas anteriormente, con las debidas salvaguardias (lo que él llama sus siete "notas"), se puede emprender un auténtico desarrollo sin diluir el depósito de la fe, sino que más bien lo refuerza y explicita.

No se trata de un desarrollo en aras del cambio, sino de una ampliación de la verdad recibida. La segunda epístola de San Juan (2,9) ofrece una clara advertencia contra ese falso progreso que va más allá de la *didaché* (enseñanza) original.

Quizá el primer ejemplo concreto de un intento de aplicar el Evangelio a una nueva cultura sin perder el mensaje se encuentra en el discurso de San Pablo en el Areópago, en Hechos 17, 16-34, donde el apóstol exhorta a que la búsqueda incipiente del sentido de lo humano culmine en Cristo.

El actual proceso sinodal abierto revela que esa atención a las raíces y a las salvaguardias no existe actualmente ni está siquiera en estudio.

Todo esto apunta al notable paralelismo entre las figuras de los cardenales Newman y Pell. Las similitudes son asombrosas.

Ambos procedían de diócesis misioneras en su día y ambos eran antiguos alumnos del Pontificio Colegio Urbano de *Propaganda Fide*, y por lo demás, ambos estudiaron en Oxford.

Ambos eran maestros en lo que podría llamarse las "artes

polémicas", es decir, se involucraron en los debates candentes de la época.

Las personalidades pastorales de muchos sacerdotes y obispos parecen estar predispuestas a evitar las situaciones que generen enfrentamientos, que causen debate o conflicto, pero ni Newman ni Pell podrían contarse entre ese número. Cuando alguno de ellos discernió lo que consideraba una clara amenaza a la tradición apostólica, habló con claridad y señaló el grave tema en cuestión.

Sin duda, las distintas épocas históricas y culturas en las que vivieron hicieron que sus respectivos enfoques difirieran: mientras que el caballero británico Newman era delicado y muy matizado, Pell era enérgico y franco; mientras que Newman era sutil e indirecto, Pell era directo y a veces contundente. Donde Newman era un hombre de biblioteca, Pell (aunque ciertamente un intelectual muy leído) era sin dudar un hombre del campo de rugby australiano.

Ninguno de los dos era renuente en dar respuesta a sus críticos: la devastadora respuesta de Newman a su contemporáneo Charles Kingsley tomó la forma de lo que se convertiría en un clásico de la literatura victoriana. La *Apologia Pro Vita Sua* es un relato rítmico y minucioso de la sinceridad de la propia conversión de Newman, cuestionada por Kingsley. Charles Kingsley apenas sería conocido hoy si no hubiera sido objeto de la pluma de Newman.

Si tuviera que elegir un breve ejemplo de lo que podría representar el estilo de apología del cardenal Pell, no sería uno tomado de sus libros, sino una de sus características ocurrencias que mantuvo en un debate con el conocido Nuevo Ateo, Richard Dawkins, en el año 2019.

En un momento del intercambio, se le preguntó a Dawkins cómo podía explicar el ateísmo que él defiende la aparición de seres sintientes a partir de la nada.

Dawkins intentó definir el concepto de "nada" y cuando el público estalló en carcajadas ante su divagación, un indignado Dawkins preguntó: "¿Qué tiene tanta gracia?".

La sucinta y desconcertada respuesta de Pell fue la siguiente: "resulta gracioso cuando intentas explicar la nada".

Tanto Newman como Pell pasaron por diferentes pruebas a lo largo de sus vidas, y a menudo fueron vilipendiados tanto por las élites mediáticas como por algunos eclesiásticos. Sin embargo, ninguno de los dos perdió nunca el sentido de la misión, ni el sentido de la fe, ni el sentido de la alegría.

En el caso de Pell, esto ocurrió en el año 2019, cuando el cardenal pasó 404 días en una celda en dos prisiones de máxima seguridad, incluido un periodo en régimen de aislamiento por cargos que posteriormente el Tribunal Supremo de Australia consideró "irracionales", exonerándolo por completo de esos cargos.

El legado que dejó de esa experiencia está en su *Prison Journal*, un clásico espiritual impresionante no por su dramatismo o por su prosa grandilocuente, sino por su absoluta y sencilla autenticidad y, literalmente anclada a la tierra, que muestra cómo un alma inocente se enfrenta a la injusticia y mantiene la esperanza.

Por encima de todo, es en el análisis de sus virtudes cuando podemos ver lo que une a estos dos hombres: la excelencia moral de la fortaleza, cualidad moral que equilibra la temeridad con la cobardía. Esta característica se pone de manifiesto cada vez que alguno de ellos se enfrenta a amenazas contra la Iglesia, incluso cuando esas amenazas proceden de dentro de la institución.

Newman se opuso a la progresiva secularización y a la sustitución de Cristo -quien debía estar en el centro de su amada Iglesia de Inglaterra, cuando era miembro de ella-, y luego, tras su conversión, alertó de las influencias corruptoras del poder cuando, junto con Lord Acton y otros, advirtieron que la devoción a la tradición de la Iglesia y al Santo Padre no debía confundir la fidelidad con el servilismo.

Dejando a un lado las consecuencias que cualquiera de los dos tuvo que afrontar por la pérdida de estatus social o por los ataques de otras personas, Pell parecía compartir el lema de Newman: "santidad antes que paz". Cada uno de ellos comprendió que la paz que estaban dispuestos a rechazar por la santidad no era esa trascendental "paz de Dios, que supera todo entendimiento" (Filipenses 4, 7), que proviene de la fe y culmina en la Visión Beatífica, sino más bien la "paz" de habituarse a un letargo quiescente, que engendra languidez para "mecer un barco" que necesita mecerse; o cuando el apego a la verdad resulta demasiado inconveniente en un momento dado o cuando amenaza el propio progreso ascendente de uno mismo a los ojos del mundo.

Se puede observar esta intrepidez del cardenal Pell especialmente en el ocaso de su vida, mientras se esforzaba por preservar la tradición apostólica en un momento cultural y eclesial cada vez más hostil a su concepción de sí mismo como obispo, luego como arzobispo y finalmente como príncipe de la Iglesia.

Con motivo del fallecimiento del cardenal Pell, el Santo Padre, el papa Francisco, afirmó que recordaba con "gratitud de corazón" el "testimonio coherente y comprometido del cardenal Pell, su dedicación al Evangelio y a la Iglesia, y en particular su diligente cooperación con la Santa Sede en su reciente reforma económica, para la que sentó las bases con determinación y sabiduría". El Papa concluyó: "es un gran hombre y le debemos mucho".

Nuestro amigo asistió en primera fila a los graves, crecientes y continuos escándalos a los que se ha enfrentado la Iglesia en nuestro tiempo y que han hecho mucho daño a su misión, su mensaje, su reputación y sus finanzas. Tenía una buena dosis de claridad para ofrecer sobre todo esto, de modo que, en el año 2014, el papa Francisco nombró al cardenal Pell primer Prefecto de la Secretaría para la Economía del Vaticano, en un esfuerzo por poner orden en los temas fiscales.

Podemos lamentar ahora que no viviera lo suficiente para ver la finalización de su trabajo en la reforma financiera de la Curia Romana, una realidad que está con nosotros en tiempo real, ya que los informes procedentes del juicio actualmente en curso, que se está llevando a cabo en el Vaticano, revelan cuán profunda es la corrupción que ha penetrado en la institución. El juicio se originó a raíz de la cancelación de la auditoría externa que el cardenal Pell había iniciado.

Quizá algún día se descubra toda la podredumbre, se identifique a todos los culpables y se pueda llevar a cabo la purificación. Pero tal vez ese día no sea el nuestro.

Numerosos obituarios del cardenal Pell lo presentan como un "firme conservador" cuya postura sobre cualquiera de los temas controvertidos de la época era supuestamente divisiva.

"Firme" es un adjetivo interesante que a menudo se emplea para denotar rigidez, algo así como un apego fósil a algo porque es antiguo.

Yo lo veo como la descripción de un hombre de convicciones, que no cede ante las modas y presiones del momento, ya sean políticas, morales o teológicas. En su rol como cardenal católico, su tarea precisa consistía en ser "firme" en este sentido: transmitir la tradición recibida de los apóstoles con esmero, con firme convicción, y esto es lo que el cardenal Pell hizo enfáticamente con persuasión.

Al fin y al cabo, la división que suscita este tipo de firmeza la inician quienes abandonan la tradición que ellos mismos juraron defender, o quienes tratan de socavarla, diluirla o rechazarla. Son ellos los que provocan la división con su infidelidad. En este sentido, el cardenal Pell no hacía sino emular las palabras de Jesús en el evangelio de San Lucas (12, 52), según las cuales Él no había venido a sembrar la paz, sino la división.

### El Padre ausente del Sínodo

Puede ser útil recordar otra época de gran división y confusión en la Iglesia, que fue el resultado de un malentendido sobre el hombre, en este caso, del *Logos* que se hizo Hombre. Me refiero aquí al surgimiento de una de las grandes herejías de la Iglesia cristiana primitiva: El arrianismo (la negación de la Divinidad de Cristo). San Jerónimo contempló la situación de su tiempo y se lamentó célebremente de esta manera: "El mundo entero gimió y se asombró de encontrarse arriano".

Hubo otra frase que surgió también en ese mismo período, que representaba la respuesta al error arriano que habría podido distorsionar la faz del cristianismo a perpetuidad. Esa frase fue *"Athanasius Contra Mundum"* — Atanasio contra el Mundo. Fue

Atanasio quien respondió con mayor contundencia, a veces de forma poco cortés, a la herejía arriana, conduciéndola a su derrota (prescindo aquí de la respuesta de San Nicolás a Arrio).

En la actualidad, la Iglesia se enfrenta a otra herejía monumental, de distinto tipo, que supone una confusión sobre la naturaleza misma de la persona humana y la familia, la libertad humana y la responsabilidad en los negocios y la expresión religiosa. Todo esto se aglutina bajo la rúbrica de *"woke"*, una expresión originada en una justificada resistencia a los prejuicios raciales, pero que ahora se ha transformado en una amplia gama de demandas neomarxistas que incluyen reinterpretaciones radicales de los roles de género, de las normas morales tradicionales y de las estructuras eclesiales. Esto podría llevar a muchos a recordar a Atanasio y decir: "El mundo entero gimió, y se asombró de encontrarse *woke.*" La tentación de plegarse a la ideología woke es hoy una tentación tan omnipresente como lo fue el arrianismo en la época de Atanasio.

El cardenal Pell planteó su última pregunta con esta amenaza y tentación en mente. La forma en que la respondamos dirá mucho sobre si tenemos la entereza necesaria para enfrentarnos a la tentación woke en nuestro mundo y en nuestra propia Iglesia.

A menudo se ha dicho del cardenal John Henry Newman que fue el "Padre ausente del Concilio Vaticano II": su vida y su pensamiento influyeron enormemente en las deliberaciones de los Padres del Vaticano II.

Ojalá un día lleguemos a afirmar del cardenal Pell que fue el "Padre ausente del Sínodo". Que algún día se pueda afirmar: *"Pell Contra Mundum."*

# Cómo ser "aburridamente" exitoso en el Vaticano

*Danny Casey*

## Introducción

Fue muchos años antes de la creación de la "Secretaría para la Economía" cuando el cardenal George Pell vio la necesidad de aplicar reformas financieras dentro de la Iglesia.

Los juicios que se están celebrando en los tribunales vaticanos han sido testigos de extraordinarias acusaciones de malversación de las finanzas del Vaticano, y de abuso de poder, con aparente escasa consideración por el Estado de Derecho, incluyendo la vigilancia electrónica de personas que simplemente hacían su trabajo, todo esto superado únicamente por las confesiones de varios testigos llamados a declarar. Hemos leído informes sobre la cancelación de la auditoría externa debido a la preocupación por el proceso de verificación en curso, y la destitución del Auditor General independiente, que es en sí mismo objeto de un procedimiento legal.

Muchos fieles se preguntan cómo ha podido ocurrir todo esto. ¿Por qué las personas con autoridad pensaron que esto era apropiado? ¿Por qué algunos en el Vaticano están tan preocupados por la verificación independiente y la transparencia? ¿Y qué se puede hacer para garantizar que no volvamos a ver una conducta de este tipo en el futuro?

Veinte años antes de esta vergonzosa exposición de ineficacia, incompetencia e ilegalidad, el cardenal Pell, desde el otro lado del mundo predijo que, sin reformas de calado, el próximo escándalo al que se enfrentaría la Iglesia sería casi con total seguridad el de una mala gestión financiera. Lamentablemente, sus comentarios y temores se harían realidad.

Estas pocas líneas proporcionan el contexto de su trabajo en la supervisión y en la gestión financiera en Australia y en el Vaticano, y ofrecen algunas indicaciones para el futuro.

**Antecedentes**

Fue en el año 2003 cuando el cardenal, poco después de su toma de posesión como arzobispo de Sídney, nombró a un nuevo Director de Negocios y Administrador Financiero Diocesano. Se trataba de la primera vez que un laico ocupaba un cargo tan importante en Sídney. El cardenal reconoció la necesidad de mejorar la forma en que se llevaban a cabo los negocios y las finanzas, y fue riguroso y profesional al señala qué se necesitaba hacer.

Si bien no había nada inapropiado en la forma en que se administraban las cosas en Sídney, estaba claro que existían ámbitos de mejora. Al igual que en muchas entidades de la Iglesia en aquel momento, y desde luego en el Vaticano, la Archidiócesis carecía de competencias adecuadas y de experiencia en la materia: el mundo de la administración financiera y la gestión de inversiones se había desarrollado a un ritmo mucho mayor que la capacidad interna. Se hacía necesario cerrar esa brecha.

El cardenal Pell tenía claro que los administradores de los fondos de la Iglesia y quienes realizaban negocios en nombre de la Iglesia debían actuar según los más altos niveles de integridad y profesionalidad. Dada nuestra Misión y nuestros deberes como buenos administradores, el cardenal Pell estableció el estándar de que la administración de la Iglesia debía ser "al menos tan buena como la mejor".

Los líderes de la Iglesia administran bienes que no son propios. La forma en que administran y llevan a cabo estos procesos tiene un impacto directo en la capacidad de la Iglesia para cumplir su Misión. Aquellos a los que se les ha confiado la responsabilidad de administrar los aspectos financieros tienen la obligación de llevar a cabo su trabajo con los más altos estándares posibles, teniendo en cuenta especialmente para quién trabajan y a quiénes representan. Los administradores deben adoptar –no escapar a– las Normas Internacionales y las mejores prácticas, y no buscar excusas o formas de eludir o esconderse del cumplimiento y la transparencia.

El cardenal Pell solía decir que el hecho de ser una Iglesia no es excusa para justificar una mala administración. ¿Por qué debería ser aceptable llevar a cabo una administración descuidada o "tomar atajos" en la administración financiera? ¿Por qué debería ser apropiado seguir la opción más fácil, negociar ingenuamente o dejar dinero sobre la mesa cuando se está cerrando un acuerdo, dinero que podría servir a las necesidades de la Iglesia, ayudar a los pobres, ayudar a ofrecer programas que podrían llevar a la gente a Dios y a la salvación eterna?

Prácticas sencillas, como la supervisión de cada transacción importante, asegurarse de que todas las operaciones se registren o el recurso a auditores externos, son la norma en las organizaciones laicas y no suscitan ninguna controversia. Son criterios habituales en muchas entidades eclesiásticas y deben ser la norma en toda la administración de la Iglesia.

El cardenal hizo algunos progresos significativos en Sídney: al trabajar más intensamente en la base de activos, aumentó sustancialmente los activos netos, extendió la labor de la Misión, estableció nuevas agencias, nuevas instalaciones y acogió la Jornada Mundial de la Juventud.

### El camino a Roma

Su trabajo no pasó desapercibido, y el cardenal fue invitado a formar parte del Comité de Finanzas del Vaticano.

En la administración de la Iglesia, se podría haber esperado que el Vaticano liderara el camino. Incluso podría haber sido un referente global modelo, un faro de luz y transparencia, un Soberano reconocido y admirado por su rigor y profesionalismo, al centrarse en la Misión encomendada.

La brecha entre las buenas intenciones y las prácticas concretas a las que se enfrentó el cardenal Pell en el Vaticano no podría haber sido más amplia.

El cardenal encontró prácticas que no se basaban en ninguna

norma o estándar internacional y que distaban mucho de ser las mejores prácticas. Encontró un nivel extraordinario de opacidad en los procedimientos, con prácticas que en muchos casos no parecían cumplir las normas y reglamentos canónicos, y mucho menos las normas y reglamentos los civiles.

El cardenal se preguntó, con toda razón, por qué las instituciones del Vaticano deberían quedar exentas de las normas canónicas en materia de administración, normas que los administradores de la Iglesia en todo el mundo cumplen meticulosamente. Surgieron preguntas similares en torno a las prácticas de ignorar o minimizar las obligaciones civiles, incluido el cumplimiento de tratados específicos y acuerdos internacionales firmados por varios papas a lo largo de los años.

Es evidente que se necesitaba un cambio, y un cambio significativo, si se querían alcanzar los objetivos de unas reformas económicas y financieras sólidas.

## El papa Francisco pide una revisión

Poco después de su elección en el año 2013, el papa Francisco encargó una revisión de las estructuras económicas y administrativas y solicitó al cardenal Pell que trabajara en esta revisión.

A principios del año 2014, el Santo Padre anunció la creación de nuevas estructuras: el Consejo para la Economía de la Santa Sede, la Secretaría de Economía y una nueva Oficina del Auditor General. El Santo Padre nombró al cardenal George Pell como Prefecto de la Secretaría de Economía y estableció los siguientes objetivos para las reformas y nuevas estructuras:

1. Proporcionar a la Santa Sede, al Estado de la Ciudad del Vaticano y a todas las entidades relacionadas, políticas, prácticas y reportes financieros sólidos y coherentes.

2. Facilitar la toma de decisiones a nivel local y proporcionar un marco claro de rendición de cuentas por parte de aquellos a quienes se les encomiendan los recursos de la Iglesia.

3. Fortalecer el proceso de planificación para que los recursos

económicos se asignen en los ámbitos donde puedan ser utilizados de manera más efectiva.

4. Asignar más recursos económicos para la misión de la Iglesia, a través de una mejorada gestión económica y financiera.

Los principios fundamentales establecidos para su aplicación fueron:

1. Las políticas y prácticas se aplican a todas las entidades de la Santa Sede y deberán ser implementadas a nivel local.

2. Las políticas y prácticas serán, en la medida de lo posible, consistentes con las normas internacionales de contabilidad y con las prácticas generales aceptadas de contabilidad e informes.

3. Los estados financieros y los presupuestos consolidados se elaborarán de acuerdo con las normas internacionales de contabilidad e incluirán a cada entidad que cumpla con el nivel de control específico.

4. Los estados financieros consolidados serán auditados por una de las "Cuatro Grandes" (las "Big 4") firmas de auditoría (Ernst & Young, KPMG, PricewaterhouseCoopers y Deloitte).

5. La Secretaría solicitará la opinión de las entidades y brindará capacitación, orientación y apoyo en la implementación de nuevas políticas y prácticas, así como en el proceso presupuestario.

### Inicio de los trabajos y resistencia al cambio

El trabajo se inició con gran vigor y profesionalismo, en directa respuesta a los objetivos y principios establecidos por el papa Francisco para los nuevos acuerdos económicos y administrativos. El cardenal lideró un equipo que trabajó incansablemente para avanzar en las reformas.

Una de sus primeras tareas fue supervisar la selección y las pautas para los nuevos miembros de la Junta Directiva del Instituto para las Obras de Religión, también conocido como el Banco Vaticano. La nueva Junta, bajo el liderazgo de un nuevo presidente, introdujo mejoras sustanciales en las prácticas, incluido el cumplimiento de la normativa de la Unión Europea y de los protocolos conocidos como "conozca a su cliente".

Era urgente impulsar las reformas en todo el Vaticano, una vez que se habían logrado identificado la dimensión y la magnitud de los retos financieros. Estos incluían la previsión de un aumento en los déficits operativos que estaban mermando los saldos de caja, un déficit significativo en el Fondo de Pensiones del Vaticano y un número extraordinario de inversiones poco rentables y activos infrautilizados.

En lugar de colaborar con el cardenal, muchos de los principales directivos exhibieron una actitud defensiva y hostil al cambio. Hubo una extraordinaria capacidad para defender lo indefendible y un casi nulo reconocimiento del impacto que tendría en la Santa Sede la persistencia de prácticas ineficientes y opacas, en una aparente falta de consideración por el deber que un buen administrador debe tener para con quienes se le confían los recursos.

A los seis meses de su puesta en marcha, el Santo Padre promulgó nuevas políticas de gestión financiera basadas en las Normas Internacionales de Contabilidad del Sector Público, o "IPSAS" consideradas como las mejores prácticas en cuanto a transparencia. Esto supuso un hito importante en el proceso de reforma.

Las normativas IPSAS no son equivalentes a los informes de empresas privadas o de transacciones internacionales, más bien se centran en identificar qué recursos existen, cómo se han utilizado y los costes de los diversos programas e iniciativas. Utilizadas por gobiernos y organismos del sector público a nivel global, estas declaraciones surgieron como respuesta a la necesidad de mejorar los informes de los gobiernos de todo el mundo, como parte de un proceso de mejora en la rendición de cuentas y la transparencia en los procedimientos. En el momento de su introducción en el Vaticano, entre los gobiernos, agencias y organizaciones que habían adoptado las IPSAS o tenían planes de adoptarlas se encontraban las Naciones Unidas, la Comisión Europea, la Organización para la Cooperación y el Desarrollo (OCDE), Suiza, España, el Consejo de Europa y la Comisión de la Commonwealth. Además, los Estados Unidos y Australia tienen normas muy similares a las IPSAS.

Para respaldar la adopción de las IPSAS, el cardenal Pell reconoció la necesidad de encontrar una forma de incorporar estas prácticas en el trabajo diario. Pell presentó al Santo Padre un conjunto de políticas y prácticas de Gestión Financiera del Vaticano, que fueron aprobadas para su implementación, incluyendo el implementando nuevas rutinas para la elaboración de presupuestos y contabilidad, así como programas de capacitación para el personal.

El cardenal y su equipo también desarrollaron una lista completa de las entidades del Vaticano –tal como lo exigen las normas internacionales de contabilidad– e intentaron recopilar información sobre los activos y pasivos de cada una de ellas. Al final, se descubrió que más de dos mil millones de euros se gestionaban fuera de los libros contables.

Se introdujo un nuevo proceso de planificación financiera y presupuestaria, que incluía la presentación de un plan financiero: una oportunidad para que cada entidad describiera sus actividades existentes y sus propuestas, los estudios de ingresos y de gastos, así como las inversiones y otros recursos que controlaran y gestionaran. También se introdujeron nuevos procedimientos para la revisión y la conformidad de Actos de Administración Extraordinaria, con el fin no sólo de cumplir las normativas establecidas, sino también de garantizar la aplicación del principio de "cuatro ojos".

Este trabajo permitió poner de manifiesto los profundos retos a los que se enfrentaba el Vaticano, especialmente en lo que hacía a sus flujos de ingresos e inversiones a largo plazo, pero también en torno a varias transacciones que eran importantes y perturbadoras.

La transparencia es un antiséptico y, como suele ocurrir cuando se aplica a una herida, sobre todo a una con infección profunda, produce escozor. La renuencia a potenciar la transparencia, especialmente por parte de la Secretaría de Estado y de la Administración del Patrimonio de la Sede Apostólica fue en ocasiones hostil y amenazante, como si estuviera diseñada para intimidar a los reformistas y obstaculizar las mejoras. Lamentablemente, todo esto siguió durante algún tiempo y, como se ha informado en los juicios actuales, involucró prácticas que no solo eran carentes de ética, sino también –y con toda probabilidad– ilegales.

La partida del cardenal Pell a Australia para afrontar los cargos que finalmente fueron desestimados por el más alto tribunal australiano, y la brutal destitución del Auditor General, fueron eventos significativos que ralentizaron el impulso y posiblemente la voluntad de seguir adelante con las reformas económicas. Los informes señalando que estos eventos fueron celebrados por algunos, son motivo de profunda preocupación por parte de quienes defienden las reformas económicas.

A casi diez años de que se iniciara esta labor de reforma, merece la pena reflexionar sobre la eficacia que tuvieron aquellos que se opusieron a las reformas económicas.

1. El mandato de la Secretaría para la Economía se ha reducido significativamente respecto a lo estipulado y establecido por el papa Francisco en el año 2014. El número de entidades sujetas al régimen y a los rigores financieros se ha reducido sustancialmente. La dotación de personal sigue estando muy por debajo de lo previsto y necesario.

2. Aunque en el año 2021 las declaraciones incluyeron un mayor número de entidades, se sigue estando muy por debajo del total y muy por debajo del número de entidades que antes anteriormente eran competencia de la Secretaría de Economía y del Auditor General.

3. La auditoría externa fue terminada de manera abrupta y por una de las partes que no tuvo participación en su designación.

4. No están claros los avances en relación con los rigores de las normativas IPSAS y de las Políticas de Gestión Financiera del Vaticano, incluida la valoración de activos, los principios de consolidación presupuestaria, y otros.

5. El principio de los "cuatro ojos" y los rigores en torno a las transacciones de importancia parecen haberse devaluado, en gran parte debido a la exclusión de muchas entidades y para garantizar cierta "laxitud" en los procedimientos.

Merece la pena analizar si la cultura realmente ha cambiado y si los asuntos que se están tratando actualmente ante el Tribunal Vaticano podrían haber visto alguna vez la luz del día, dadas las circunstancias actuales. La reciente sugerencia de un cardenal de alto rango que trabaja en la Santa Sede de que todos los problemas y vergüenzas de los juicios actuales podrían haberse evitado si la Santa Sede no hubiera emprendido el camino hacia la transparencia, implica que, en otras palabras, ¡son las reformas económicas y no el comportamiento erróneo las que han creado los problemas!

## Principios clave para el trabajo futuro en las reformas económicas

A casi diez años de que se iniciara esta labor de reforma, si bien la resistencia ha logrado ralentizar las cosas, no ha podido revertirlas.

Ciertamente, ha habido algunos retrocesos, pero hay una mayor visibilidad en las grandes transacciones y las posibilidades de detectar cualquier irregularidad han aumentado enormemente.

Los siguientes principios clave deberían sustentar las prioridades y la labor de reforma en los años venideros:

1. La tarea de la reforma económica no es opcional. Las autoridades del Vaticano tienen la obligación de implementar las mejores prácticas en la administración.

2. La tarea dista mucho de estar concluida, de hecho, han surgido algunos signos preocupantes que indican que los objetivos y principios fundamentales parecen haber sido dejados de lado, o esmerilado.

3. Una vez se empieza, no hay marcha atrás: olvidar las reglas del juego anterior es tan difícil como aprender las del nuevo. Se trata de un proyecto a largo plazo y, a pesar de los contratiempos, el Vaticano debe mantener el rumbo. De hecho, es necesario un nuevo compromiso con los objetivos y principios delineados en el año 2014.

4. La transparencia y los estándares internacionales brindan un buen punto de referencia para asegurar que el Vaticano (y sus partes interesadas, incluidos sus numerosos donantes)

tengan certeza respecto de la administración adecuada de los activos.

5. Mediante una mejor gestión de los temas económicos, el Vaticano puede fortalecer su misión, la ayuda a los pobres y a los vulnerables. Una pequeña mejora en la eficiencia o en el rendimiento de las inversiones puede marcar una gran diferencia en las buenas obras que puedan emprenderse. Es una forma muy práctica de abordar los retos financieros a los que se enfrenta el Vaticano.

6. La Iglesia no es ni será una empresa, pero sí debe tener una administración similar a la de una empresa, de hecho, está llamada a hacerlo.

Al inicio del proceso de reforma, el cardenal Pell indicó en una conferencia de prensa que el objetivo de las reformas económicas consistía en ser "…aburridamente exitosas…".

Mientras los fieles de todo el mundo leen sobre los escándalos y la mala gestión, a la luz del juicio que se está llevando a cabo en el Tribunal Vaticano, me vienen a la mente dos ideas: no puede haber más excusas, y está claro que nos queda un largo camino por recorrer.

# El derecho a recibir el secreto de la vida y de la muerte

*Cardenal George Pell*

Los creyentes conocemos bien las bendiciones que hemos recibido en Jesucristo: sabemos que "El pueblo que caminaba en tinieblas vio una gran luz, y los que habitaban en regiones de sombra de muerte, allí les resplandeció una luz" (Isaías 9,1).

Conocemos la llamada de Jesús, a través de Juan el Bautista, a la conversión: "Convertíos, porque el reino de Dios está cerca" (Mt. 4,17), pero nosotros, los católicos mayores, o mejor dicho, los adultos, también somos bendecidos porque hemos vivido, durante casi cuarenta años, en tiempos de Juan Pablo II y del papa Benedicto XVI.

Estos años han sido cruciales para toda la historia humana: el pontificado de Juan Pablo II, uno de los papas más grandes de la historia de la Iglesia, no sólo por su papel en el colapso del comunismo, sino también para todo el mundo occidental, porque, después del Concilio Vaticano II, las iglesias de Holanda y de Bélgica se derrumbaron radicalmente, con el peligro de que este colapso pudiera extenderse todavía más.

Creo que Juan Pablo II, de alguna manera, trajo estabilidad a la Iglesia en el mundo occidental.

Por todo ello, en estos días, no estamos celebrando el final de una época, sino la contribución de estos dos grandes papas. Creemos que esta tradición debe continuar en la Iglesia del mañana. No es esta la única condición –no debe ser un monopolio–, de hecho, hay muchas otras buenas condiciones. Pero esta que señalo ha supuesto una contribución especial a toda la Iglesia y, sobre todo, a los jóvenes. De hecho, muchos jóvenes siguieron al papa Juan Pablo II y al papa Benedicto XVI.

¿Cuáles son los elementos de esta herencia de Wojtyła y de Ratzinger?

1. Fueron verdaderos cristianos.

Ellos comprendieron que el secreto de la vida y de la muerte están presentes en la vida y en las enseñanzas de Jesucristo. Fueron misioneros de la verdad. No construimos la verdad. No tenemos la capacidad de cambiar la verdad. Sólo podemos reconocer la verdad, y a veces la verdad no es tan bonita. A veces la verdad es desconcertante, difícil.

Estos dos papas no afirmaron que la enseñanza de Jesús estuviera condicionada por la época, por el Imperio Romano, por los paganos. No pretendieron que la enseñanza esencial y central debiera ser actualizada o transformada de manera radical. Ellos no dijeron: "No sabemos lo que dijo Jesús porque no había grabadoras". Ambos pontífices aceptaron la enseñanza de Jesús tal como ha llegado hasta nosotros. Para ellos, y también para nosotros, Jesús sigue siendo el camino, la verdad y la vida.

2. Fueron optimistas.

Ambos creían que las comunidades cristianas y la enseñanza de Jesús constituyen una gran ayuda para alcanzar una vida lograda. Jesús no vino a estar entre nosotros solo para hacernos sufrir, por ello estos dos papas creían con firmeza en la virtud cristiana de la esperanza.

El escritor inglés Gilbert K. Chesterton escribe: "La virtud de la esperanza sólo es posible cuando no hay esperanza humana". Estos dos papas no creían esto; porque el mundo es mejor, en cambio, cuando seguimos las enseñanzas de Jesús.

Las familias permanecen unidas, son más felices, las comunidades se comportan mejor, respetan la ley; y en un mundo cristiano, las familias son estables, los jóvenes son menos frágiles, son espiritual y psicológicamente más fuertes.

Como cristianos tenemos algo bueno que ofrecer al mundo: la cruz no es demasiado pesada.

Nosotros, que somos cristianos, sabemos que debemos amarnos los unos a los otros, debemos seguir los preceptos que enseñó Jesús.

"El que guarda sus mandamientos, permanece en Dios y Dios en él" (1 Jn. 3,23).

Hubo un filósofo inglés ateo que dijo que los diez mandamientos son como un examen final de curso: solo necesitas poder vivir bien seis de los diez. Pero no, ¡hay que intentar seguirlos todos!

Sabemos que nuestra vida es una lucha contra el egoísmo. Estos dos papas vivieron durante los años de la Segunda Guerra Mundial –Wojtyła vivió bajo el comunismo– y entendieron la importancia de luchar contra nuestro egoísmo; supieron distinguir entre el espíritu de la verdad y el espíritu del error.

3. Comprendieron la importancia de los sacramentos y, especialmente, de la Eucaristía.

La Eucaristía no es sólo una celebración horizontal, sino que es un acto de oración, de adoración. Como esta mañana, cuando hemos comenzado con la oración poniendo a Dios en el centro. Debe ser así, porque Dios es trascendente, fuera de toda nuestra experiencia, fuera de nuestro mundo. La dimensión vertical de la religión es esencial.

4. Comprendieron el papel del sucesor de Pedro en la vida de la Iglesia católica.

Los católicos debemos recordar que la unidad universal de la Iglesia no es algo que se pueda dar por supuesto o que sea fácil de obtener. Es un don muy precioso que debemos tener cuidado de conservar y no dañarlo.

Las comunidades carismáticas deben comprender la necesidad de mantener la unidad.

Encontramos la enseñanza para todo hombre escrita en el capítulo 16 del evangelio de San Mateo y en el capítulo segundo del evangelio de San Juan: Pedro es el "hombre de roca", fundamento de la Iglesia. Su tarea es proteger y defender la doctrina apostólica.

Estos dos papas comprendieron bien que nosotros no somos los maestros de la doctrina apostólica, somos los defensores. Servimos y respetamos esta preciosa regla de fe.

Todos los católicos, de cualquier edad, en todo el mundo, tienen también el derecho a recibir la misma enseñanza que Jesús y los apóstoles ofrecieron en los primeros años del cristianismo: ésta es la doctrina católica.

Ambos papas fueron hombres valientes, pero al mismo tiempo prudentes: hay un tiempo para hablar y un tiempo para callar, pero la fortaleza es siempre esencial.

Se podría pensar que en el futuro podamos tener papas de Asia o de África. En la actualidad tenemos un papa de Sudamérica: *bravo e buono*.

Estos dos papas fueron, en cambio, europeos –ejemplos de hombres con un profundo conocimiento de la alta cultura del mundo occidental. Conocían bien la teología y la filosofía de la Iglesia y tenían grandes habilidades para dialogar con los mejores ateos del mundo actual. Esto es importante y útil.

Ambos comprendieron la importancia de que todos en la Iglesia ayudemos a los que sufren, a los enfermos, a los atormentados, a los poseídos, a los epilépticos, a los paralíticos, a los impedidos física y espiritualmente: ésta es la tarea de la Iglesia: *Caritas in Veritate*.

Damos gracias a Dios por estos dos papas y rezamos para que su legado continúe en el futuro.

**El cardenal George Pell pronunció esta homilía el 7 de enero de 2023 en italiano, ante la comunidad carismática Magnificat Dominium, de San Giovanni Rotondo, Italia. Fue su última homilía pública.**

# La Iglesia católica debe liberarse de esta "pesadilla tóxica"

*Cardenal George Pell*

El Sínodo de los Obispos católicos está ahora ocupado construyendo lo que ellos consideran "el sueño divino" de la sinodalidad. Por desgracia, este sueño divino se ha convertido en una pesadilla tóxica, a pesar de las buenas intenciones declaradas de los obispos.

Han elaborado un cuadernillo de 45 páginas que da cuenta de los debates de la primera fase de "escucha y discernimiento", celebrados en muchas partes del mundo, y es uno de los documentos más incoherentes jamás enviados desde Roma.

Mientras damos gracias a Dios porque el número de católicos en todo el mundo, especialmente en África y Asia, está aumentando, el panorama es radicalmente distinto en América Latina, con pérdidas tanto para los protestantes como para los secularistas.

Sin ningún sentido de la ironía, el documento se titula "Amplía el espacio de tu tienda", y el objetivo de hacerlo es dar cabida, no a los recién bautizados — aquellos que han respondido a la llamada a arrepentirse y creer —, sino a cualquiera que pueda estar lo suficientemente interesado como para escuchar. Se insta a los participantes a ser acogedores y radicalmente inclusivos: "Nadie queda excluido".

El documento no insta ni siquiera a los participantes católicos a hacer discípulos en todas las naciones (Mateo 28, 16-20), y mucho menos a predicar al Salvador a tiempo y a destiempo (2 Timoteo 4, 2).

La primera tarea de todos, y especialmente de los maestros, es escuchar en el Espíritu. Según esta reciente actualización de la buena nueva, la 'sinodalidad' como forma de ser de la Iglesia no debe definirse, sino simplemente vivirse. Gira en torno a cinco tensiones creativas, partiendo de la inclusión radical y avanzando hacia la misión en un estilo participativo, practicando la "corresponsabilidad con otros creyentes y personas de buena voluntad". Se reconocen las dificultades, como la guerra, el genocidio y la brecha entre clero y laicos, pero todo puede sostenerse, dicen los obispos, con una espiritualidad viva.

La imagen de la Iglesia como una tienda en expansión, con el Señor en su centro procede de Isaías, y su objetivo es subrayar que esta tienda en expansión es un lugar donde la gente es escuchada y no juzgada, no excluida.

Así pues, leemos que el pueblo de Dios necesita nuevas estrategias; no peleas y enfrentamientos, sino diálogo, en el que se rechace la distinción entre creyentes e incrédulos. El pueblo de Dios debe escuchar realmente, se insiste, el clamor de los pobres y de la tierra.

Debido a las diferencias de opinión sobre el aborto, la contracepción, la ordenación de mujeres al sacerdocio y los actos homosexuales, algunos consideran que no se pueden establecer ni proponer posturas definitivas sobre estas cuestiones. Lo mismo ocurre con la poligamia, el divorcio y las segundas nupcias.

Además, el documento es claro sobre el problema específico de la posición inferior de la mujer y los peligros del clericalismo, aunque se reconoce la contribución positiva de muchos sacerdotes.

¿Qué pensar de este popurrí, de esta efusión de buena voluntad de la Nueva Era? No es un resumen de la fe católica ni de las enseñanzas del Nuevo Testamento. Es incompleto, hostil en aspectos significativos a la tradición apostólica y no reconoce en ninguna parte el Nuevo Testamento como la Palabra de Dios, normativa para toda enseñanza sobre la fe y la moral. Se ignora el Antiguo Testamento, se rechaza a los patriarcas y no se reconoce la Ley de Moisés, incluidos los Diez Mandamientos.

Inicialmente se pueden hacer dos observaciones. Los dos sínodos finales en Roma, en 2023 y en 2024 necesitarán clarificar la enseñanza sobre asuntos morales, ya que el Relator (redactor jefe y gestor) cardenal Jean-Claude Hollerich ha rechazado públicamente las enseñanzas básicas de la Iglesia sobre sexualidad, alegando que contradicen la ciencia moderna. En tiempos normales, esto habría significado que su continuidad como Relator era improcedente, incluso imposible.

Los sínodos tienen que elegir si son servidores y defensores de la tradición apostólica sobre la fe y la moral, o si su discernimiento les obliga a afirmar su soberanía sobre la enseñanza católica. Deben decidir si las enseñanzas básicas sobre aspectos como el sacerdocio y la moral pueden arrumbarse en un limbo pluralista en el que algunos eligen redefinir los pecados, minimizándolos o si la mayoría acuerda respetuosamente diferirlos.

Más allá del sínodo, la disciplina se está relajando, especialmente en el norte de Europa, donde algunos obispos no han sido reprendidos, incluso después de afirmar el derecho de un obispo a disentir; ya existe un pluralismo de facto más generalizado en algunas parroquias y órdenes religiosas en aspectos como la bendición de la práctica homosexual.

Los obispos diocesanos son los sucesores de los apóstoles, el maestro principal de cada diócesis y el centro de la unidad local de su pueblo y de la unidad universal en torno al papa, sucesor de Pedro. Desde la época de San Ireneo de Lyon, el obispo es también el garante de la fidelidad permanente a la enseñanza de Cristo, la tradición apostólica. Son gobernantes y a veces jueces, así como maestros y celebrantes sacramentales, y no son meras flores de pared ni sellos de goma.

"*Ampliar la tienda*" es consciente de los defectos de los obispos, que a veces no escuchan, tienen tendencias autocráticas y pueden ser clericalistas e individualistas. Hay signos de esperanza, de liderazgo efectivo y de cooperación, pero el documento opina que los modelos piramidales de autoridad deben ser destruidos y que la única autoridad genuina proviene del amor y del servicio. Hay que hacer hincapié en la dignidad bautismal, no en la ordenación ministerial, y los estilos de gobierno deben ser menos jerárquicos y más circulares y participativos.

Los principales actores en todos los sínodos (y concilios)

católicos, y en todos los sínodos ortodoxos han sido los obispos. De una manera suave y cooperativa, esto debería afirmarse y ponerse en práctica en los sínodos continentales para que las iniciativas pastorales se mantengan dentro de los límites de la sana doctrina. Los obispos no están allí simplemente para validar el debido proceso y ofrecer un *nihil obstat* a lo que han observado.

A ninguno de los participantes del sínodo — laicos, religiosos, sacerdotes u obispos —, les conviene que el sínodo decida que no se puede votar y que no se pueden ofrecer proposiciones concretas. Transmitir al Santo Padre sólo las opiniones del comité organizador para que decida es un abuso de la sinodalidad, una marginación de los obispos, que no se justifica ni por las Escrituras ni por la tradición. No es el debido proceso y es susceptible de sufrir manipulaciones.

Los fieles católicos de todo el mundo no aprueban las conclusiones del sínodo actual. Tampoco hay mucho entusiasmo en las altas esferas de la Iglesia. Las reuniones continuas de este tipo profundizan las divisiones y unos pocos avivados pueden explotar la confusión y la buena voluntad. Los ex-anglicanos que han vuelto a la Iglesia católica tienen razón al identificar la confusión cada vez mayor, el ataque a la moral tradicional y la inserción en el diálogo de la jerga neomarxista sobre la exclusión, la alienación, la identidad, la marginación, los sin voz, los colectivos LGBTQ, así como el desplazamiento de las nociones cristianas como el perdón, el pecado, el sacrificio, la curación y la redención. ¿Por qué el silencio sobre un más allá de recompensa o castigo, sobre las cuatro postrimerías: muerte, juicio, cielo e infierno?

Hasta ahora, el método sinodal ha descuidado, e incluso degradado, lo trascendente, ha encubierto la centralidad de Cristo con apelaciones al Espíritu Santo y ha fomentado el resentimiento, especialmente entre los participantes.

Los documentos de trabajo no forman parte del magisterio. Son una base para la discusión; para ser juzgados por todo el pueblo de Dios y especialmente por los obispos, con y bajo el papa. Este documento de trabajo necesita cambios radicales. Los obispos deben darse cuenta de que hay trabajo por hacer, en nombre de Dios, más pronto que tarde.

**Este artículo se utiliza con permiso de *The Spectator*, donde se publicó originalmente el 11 de enero de 2023.**

# "Los tiempos están fuera de lugar"

*Cardenal George Pell*

"El tiempo está fuera de lugar;
¡oh maldita desgracia de haber nacido para arreglarlo!"
*Hamlet*

Nací y me eduqué en los viejos tiempos de los años cuarenta y cincuenta, cuando también actuaba la corriente oceánica "La Niña", y el Ballarat (ciudad de Australia) de mi juventud era regularmente húmedo y frío. No teníamos calefacción central.

*Era una época primitiva* con Bob Menzies como Primer Ministro sostenido por los segundos espadas del Partido Laborista Democrático. El gobierno corría peligro si el desempleo superaba el tres por ciento. Algunos de los *entendidos*, como Patrick White y Sidney Nolan huyeron a Londres, y luego Dame Edna escapó de Moonee Ponds, pero la mayoría de los australianos disfrutaron de su buena fortuna y se negaron a reconocer su falta de sofisticación o a sentirse inferiores, para consternación de sus superiores. Sospecho que ésta fue una de las causas de la exasperación de D.H. Lawrence con Australia.

Me eduqué en Saint Pat's, en Ballarat, dirigido por los Hermanos Cristianos (Christian Brothers), a los que mi generación y las anteriores están eternamente agradecidas ¡o deberían estarlo! Los hermanos y las monjas trabajaban a cambio de dinero de bolsillo o calderilla, ya que no había financiación pública para las escuelas no gubernamentales. Sin sus sacrificios, muchos jóvenes católicos entre los años 1870 y 1970 no habrían recibido una educación católica.

*Era una época primitiva.* Los hombres sólo se casaban con mujeres. Marido y mujer solían permanecer juntos y así lo hacían incluso mientras la felicidad conyugal se evaporaba. La mayoría no vivían juntos antes del matrimonio y muchos iban regularmente a la iglesia. Probablemente más de la mitad de los católicos iban a misa los domingos. Durante la Segunda Guerra Mundial, un grupo llamado los Comunistas controló muchos de los sindicatos australianos, perjudicando considerablemente el esfuerzo bélico hasta que Hitler invadió a su aliado comunista, Rusia. Un grupo de patriotas australianos, entre los que había muchos católicos, echó a los líderes sindicales comunistas. Esto fue algo bueno.

*Era una época primitiva*, pues no se había inventado el multiculturalismo y los emigrantes griegos e italianos tenían que asimilarse. Se esperaba que los "wogs" y los "wops" conocieran su lugar, pero incluso en esos tiempos primitivos surgían los imprevistos. El grupo más poderoso de activistas católicos estaba dirigido por un hombre de Melbourne, un ítalo-australiano, y casi todos sus soldados de infantería eran australianos irlandeses. Funcionó bien, aunque uno o dos admitieron por lo bajo, que un nombre como "Santamaría" no era especialmente adecuado en todos los casos.

Saint Pat's no era un colegio académico, ya que pocos de los hermanos, nuestros únicos profesores, tenían títulos universitarios. Nuestro colegio era famoso por producir futbolistas y sacerdotes de Aussie Rules, más de 300 de hecho desde 1893, más que cualquier otro colegio australiano. Cuando me dieron la bienvenida como nuevo obispo en el año 1987, el director explicó a los chicos en la catedral que el colegio era famoso por haber producido dos ganadores de la Medalla Brownlow (el mejor y más justo jugador de la Liga de Fútbol de Victoria) y dos obispos. Los logros se mencionaron en ese orden.

*Era una época primitiva*. Un gran grupo de mi clase y yo (teníamos noventa chicos bajo un solo profesor en el séptimo curso) estudiábamos latín y francés cada año, a partir del séptimo curso, y teníamos exámenes escritos externos del gobierno para los cursos décimo a duodécimo. Los resultados de estos exámenes eran, por supuesto, una prueba irrefutable de los logros de los alumnos de institutos de menor reputación y de escuelas católicas.

También estudiábamos una obra de Shakespeare cada año a partir del noveno, empezando por *Julio César*, luchando con el lenguaje antiguo, probablemente sin entender demasiado del drama y la variedad de la experiencia humana que se nos presentaba, pero estando expuestos regularmente a la mejor escritura en nuestro idioma. Mi cohorte también estudió a Chaucer y Milton, Browning y los poetas románticos, Emily Bronte, Hemingway, entre otros.

*Era una época primitiva.* No tuvimos televisión hasta el año 1956, el año de los Juegos Olímpicos de Melbourne. No había drogas a disposición de los estudiantes en Ballarat, pero sí mucho alcohol. No había pornografía en internet, aunque la revista *Man* se podía comprar por debajo del mostrador. No había teléfonos móviles, ni ordenadores, ni internet.

No se había celebrado el Concilio Vaticano II. El Dr. Daniel Mannix, de origen irlandés, gran líder tribal, seguía siendo arzobispo de Melbourne, antes de morir, a la edad de noventa y nueve años, en el año 1963. Tranquilizó a sus seguidores, a los que animó a entrar en la clase media, un ejemplo probablemente sin parangón de movilidad social, y no molestó tanto a la mayoría protestante en sus últimos años como lo hizo en los grandes debates de la Primera Guerra Mundial, sobre el servicio militar obligatorio. Las vocaciones al sacerdocio y a la vida religiosa eran abundantes (había unos 200 seminaristas para el sacerdocio diocesano de Victoria y Tasmania, cuando ingresé en el seminario de *Corpus Christi* en el año 1960), mientras que la comunidad católica era lúcida, segura de sí misma y estrecha de miras. Los protestantes no iban tanto a la iglesia como nosotros (nos consolábamos en ello), pero las escuelas protestantes seguían impartiendo a sus alumnos un marco moral cristiano para la vida pública y, de hecho, para la vida familiar. Fue la introducción de la píldora anticonceptiva y la consiguiente revolución sexual de los años sesenta, difundida, por ejemplo, por la música de los Beatles y los Rolling Stones, lo que puso todo esto patas arriba.

Como hombre viejo y gruñón, entrando en su novena década de vida, y saliendo del antiguo entorno provinciano que he descrito, algunos afirmarían que no resulta sorprendente que me haga eco de las palabras de Hamlet, el príncipe de Dinamarca: "el tiempo está fuera de lugar".

A estas alturas, para reforzar mis credenciales de mala reputación y explicar las desventajas de mi entorno inicial, no puedo dejar de señalar que el KFC — *Kentucky Fried Chicken* — abrió su primer establecimiento australiano en Ballarat en la década de 1970, creo, partiendo de la premisa de que, si podían tener éxito en Ballarat, la ciudad más conservadora de Australia según sus cálculos, podrían vender sus pollos en cualquier parte del país.

¿Son mis orígenes, en las antiguas brumas provincianas, suficientes para explicar mi sospecha, con *Hamlet*, de que "algo huele a podrido en el país"? ¿Me ciega la nostalgia sentimental de un pasado más sencillo y desaparecido? Al fin y al cabo, yo nací durante la Segunda Guerra Mundial y ahora no tenemos guerra mundial, sólo la desnuda agresión rusa en la lejana Ucrania y la torpe e inquietante beligerancia de China en su intento por restablecer el Reino Medio (*Zhongguo*), como potencia número uno del mundo. Una posible base naval china en las Islas Salomón no es todavía algo inminente.

No creo que la vida australiana esté podrida en lo más profundo, pero los tiempos están cambiando, y no siempre para mejor. La inevitable "Comisión Real del futuro sobre Victoria" podría encontrar una situación paralela a la del Queensland de Joh Bjelke-Petersen en los años setenta y ochenta, y demasiados australianos se alegraron con la reacción exagerada de los mandones "estados niñera" durante la crisis del COVID, cuando se cerraron las iglesias antes que los casinos (al menos en Victoria). Muchos dirigentes católicos fueron demasiado dóciles.

Pero cientos de miles de inmigrantes quieren venir a Australia cada año (no hay demasiadas personas clamando por emigrar a China). Antes del COVID, Australia tenía cuatro de las diez mejores ciudades para vivir del mundo. Al volver de Roma y viajar por los suburbios de Sídney me maravillé ante la prosperidad y las bonitas casas, que se suceden milla tras milla. En el Índice de Libertad Económica del año 2020 de la *Fundación Heritage*, Australia figuraba como en el primer puesto. Ha nacido el colegio Campion y las dos universidades católicas constituyen una especie de baluarte contra lo peor.

Pero los tiempos están cambiando y muchos se sienten incómodos, especialmente los social-conservadores, asaltados regularmente por activistas *woke*, incluso en el deporte (como vimos en la polémica sobre Israel Folau y en la valentía de los *Manly Seven*). Algunos directivos de las grandes empresas se han plegado o han abrazado con entusiasmo medidas anticristianas. El bufete de abogados Corrs rechazó seguir teniendo como cliente a la archidiócesis de Melbourne. Lo hizo sin consultarlo y después de estar bajo contrato durante más de sesenta años. Fue bajo un gobierno federal liberal cuando los formularios oficiales sustituyeron los términos "madre" y "padre" por "progenitor A y progenitor B". Había hablado con una sucesión de dirigentes laboristas sobre la importancia de mantener una situación en la que los candidatos provida y profamilia pudieran seguir siendo respaldados (a diferencia de los demócratas en los Estados Unidos), pero me ha sorprendido la exuberancia de tantos activistas *woke* en los partidos de la Coalición. No esperaba un colapso tan súbito. La presencia de Peter Dutton y de Angus Taylor ofrece esperanza, a menos que estén muy superados en número. Pero estoy tentado de afirmar que el único golpe conservador dado por el último gobierno federal fue reducir sustancialmente el número de estudiantes que hacen cursos de arte que resultan ser tóxicos, aunque protegieron el plan de estudios de matemáticas contra las tonterías *woke*.

El voto católico está fracturado, pero se podría reunir un buen número para defender las escuelas católicas. Sin embargo, el grupo significativo para el futuro son los cristianos evangélicos de todas las iglesias cristianas, especialmente los católicos. Muchos de ellos, aunque no todos, son emigrantes, y existen agrupaciones significativas en algunos lugares, como en el oeste de Sídney.

Recuerdo en mi juventud al arzobispo Mannix explicando que, en las democracias, a diferencia de las autocracias del pasado, los cristianos pueden defenderse utilizando su voto. Nuestros oponentes esperan que los católicos guarden silencio en la plaza pública tras la vergüenza de la pederastia. Semejante silencio cristiano sobre las cuestiones morales del momento sería una grave dejación del deber, que supondría luego de haber cometido un gravísimo error, caer en otro, un abuso del abuso. Sin embargo, no basta con hablar, ya que la gente también necesita escuchar, y supongo que las fuerzas anticristianas de ambos lados de la política sólo serán contenidas cuando se les demuestre que los cristianos tienen votos, que a veces utilizarán.

La población ha emigrado del campo, la afiliación sindical ha caído y los parlamentos están dominados por una meritocracia con educación terciaria, cada vez más secular donde los dos partidos principales no difieren demasiado, al menos en medidas no económicas. Este es el contexto de la domesticación de los conservadores sociales, ejemplificada en el Parlamento de Nueva Gales del Sur, donde los principales partidos son liderados por dos hombres buenos, católicos creyentes y practicantes, y que han desarrollado la legislación sobre eutanasia más draconiana de Australia.

A pesar de todo esto, no soy un Tim Flannery eclesiástico que predice el colapso religioso, el desastre total en la próxima década, aproximadamente. Tampoco creo mucho en las ideas de Flannery sobre el clima. Esta extraña convicción de que podemos cambiar los patrones climáticos de la Tierra es una prueba de que vivimos en tiempos convulsos. Es un monstruo de mil millones de dólares, quizá un billón, que probablemente va en la dirección equivocada. Tim parece haber estado un poco deprimido en el 2004. Para él, Australia era especialmente vulnerable. "Vamos a experimentar unas condiciones que no se veían desde hace 40 millones de años", y también pensaba que "hay bastantes posibilidades de que Perth sea la primera metrópolis fantasma del siglo XXI." En el año 2006, la amenaza de la subida del nivel del mar se unió a los peligros de la sequía. En un artículo titulado *Climate's Last Chance* ("La última oportunidad del clima"), Tim nos exhortaba a "imaginar un edificio de ocho pisos junto a la playa, y luego imaginar las olas lamiendo su tejado."

El año siguiente, el 2007, fue un año de sensaciones encontradas porque, aunque creía que Australia se encontraba "en una sequía de una en 1000 años" y que Brisbane y Adelaida podrían quedarse sin agua a finales de año, era optimista sobre la energía incrustada en las rocas calientes del sur de Australia. El gobierno laborista de Rudd invirtió 90 millones de dólares del dinero de los contribuyentes en este proyecto geotérmico de Cooper Basin. ¡Sorpresa! ¡Sorpresa! El proyecto fracasó, fue abandonado y se perdió dinero –una suma inferior, sin embargo, que la que perdió el Vaticano en la compra de Sloane Avenue, Londres (que fueron 150 millones de euros).

Algo no va bien y está fuera de tono, cuando un hombre con las opiniones de Flannery puede ser publicado, y publicado regularmente, en revistas de renombre. Nos unimos a *Alicia en el País de las Maravillas* cuando Tim fue declarado "Australiano del Año", en el 2007.

En el vacío postcristiano que se está desarrollando, la estima por la libertad –eje del proyecto del liberalismo (clásico)–, del que la sociedad y la Iglesia han recibido sustanciosos beneficios, también está siendo objeto de un asalto sostenido. El rebautizado movimiento del cambio climático contra el dióxido de carbono (que no sólo favorece el crecimiento de la vegetación, sino que es esencial para su existencia), tiene muchas de las características de una pseudo-religión de bajo nivel y no muy rigurosa. Cuando se pierden o se deconstruyen las creencias religiosas, a los supervivientes les gusta abrazar alguna gran narrativa y parecen necesitar algo a lo que temer. Casi inconscientemente buscan aplacar a las fuerzas superiores (de la naturaleza en este caso) con la ofrenda sacrificial de los combustibles fósiles, del carbón y del petróleo. Por desgracia para ellos, las economías modernas seguirán necesitando carbón y petróleo. Las mayorías democráticas en Australia y en todo el mundo desarrollado no consentirán apagones regulares eléctricos, cortes de electricidad en pleno verano o en invierno. Y, por supuesto, nuestros enemigos y aliados en los países en vías de desarrollo necesitan carbón y petróleo para sus programas industriales y de modernización, igual que nosotros en el pasado y seguimos necesitándolos en la actualidad. Ellos son sensatos y lúcidos en este punto y se quedarían perplejos ante las señales de pretendida virtud occidentales. En el año 2021 se construyeron en todo el mundo 1893 nuevas centrales eléctricas de carbón, 446 en la India, 1171 en China y ninguna en la virtuosa Australia, que además se abstiene de desarrollar centrales nucleares. Australia tiene recursos de carbón y de uranio, aparentemente suficientes para miles de años, y estoy seguro de que se desarrollarán y explotarán en beneficio de nuestros descendientes durante muchas generaciones, cuando nuestras aberrantes excentricidades hayan desaparecido.

No existe una postura católica obligatoria sobre el cambio climático, porque somos una religión que enseña la fe y la moral, y no imponemos ningún corsé científico. Toda persona tiene derecho a ser insensata, si lo considera prudente (esto también es cierto en mi caso). El desafío climático no es una de mis principales preocupaciones, aunque me gusta introducir algunos datos en medio de la histeria: ningún programa informático ha podido predecir con exactitud los patrones meteorológicos futuros, y también recordar algunos datos históricos: existieron periodos de calentamiento en torno a la época del nacimiento de Cristo y también hubo calentamiento medieval entre los años 900 y 1300, cuando lo que es hoy Australia sufrió algunas sequías terribles. La peor de ellas duró treinta y nueve años, entre 1174 y 1212 d.C., y una megasequía posterior duró veintitrés años, entre los años 1500 y 1522.

Mis mayores preocupaciones están en otra parte: con la Iglesia Católica y con el surgimiento de una China beligerante.

El censo del año 2021 en Australia mostró un aumento espectacular en el número de personas que declararon no profesar ninguna religión, que ahora asciende al 38,9 por ciento; se registró también una caída igualmente espectacular en el número de miembros de las Iglesias Unida y Anglicana, con pérdidas del veintidós por ciento y del veinte por ciento respectivamente, y un declive sustancial e inédito del cuatro por ciento de los miembros de la Iglesia católica en cinco años. Todo este descenso siguió a una importante disminución en el número de cristianos en los cinco años anteriores.

Es importante destacar lo siguiente: el descenso en el número de católicos fue mucho menor que los porcentajes registrados entre los protestantes, aunque los católicos soportaron el peso de la hostilidad de los medios de comunicación y de las acciones de la Comisión Real sobre la pederastia institucional (establecida por el gobierno australiano).

Todos los que aman a Cristo y a la Iglesia están consternados por esta disminución, pero difieren, a veces con acritud, sobre cómo debe abordarse este problema. Tenemos una clara división entre dos aproximaciones. Por un lado, los que creen que somos servidores y defensores de la Tradición Apostólica, sin poder para cambiar sustancialmente las doctrinas que nos llegan de Cristo y los apóstoles a través de las Escrituras y el magisterio católico. Frente a ellos hay otra cohorte, generalmente un poco más joven que yo, que otorga la última palabra a la modernidad, que cree que somos los dueños de la Tradición Apostólica y que podemos enmendarla y modificarla para bendecir las uniones homosexuales y crear mujeres sacerdotes. Algunos también rechazan las enseñanzas cristianas básicas sobre la sexualidad.

El reciente Consejo Plenario ha pasado sin pena ni gloria y fue en gran medida irrelevante para la predicación del Evangelio y la amenaza de decadencia, ya que se preocupó más por la redistribución del poder.

La teóloga más destacada de Australia, una mujer que resulta ser ortodoxa (una postura que ahora se considera conservadora) no fue invitada a ser delegada en el Consejo. Al principal académico católico del país y destacado intelectual público (fue Vicerrector de la Universidad Católica de Australia) se le prohibió redactar cualquier documento del Consejo. No había sacerdotes jóvenes, que son de hecho una de las esperanzas para el futuro, con su celo, su discernimiento teológico y su potencia intelectual; y por supuesto, pocos feligreses de origen de la Iglesia católica, de origen latino.

Los miembros del Consejo solicitaron que se hablara del sacerdocio, de la familia y de la educación; sin embargo, no hubo respuesta y naturalmente no hubo ni una palabra sobre las amenazas que se ciernen sobre la libertad religiosa en nuestras escuelas, hospitales y residencias de ancianos. Un buen porcentaje de los impulsores del Consejo estaban absortos en sí mismos, no les interesaba la expansión misionera, estaban aislados del mundo real, del enfrentamiento entre el bien y el mal, la fe y la oscuridad.

Se puede ver cómo la Iglesia se desintegró en Bélgica, Holanda y Quebec. Se mencionó poco a Jesús, más que a Jesucristo, y apenas se habló de la fe, y mucho menos de la evangelización o de los no nacidos.

El Consejo parecía desconocer las causas de la revolución en las costumbres y en la moral que también se ha desarrollado en Australia, ejemplificada en la brutal incivilidad y los juegos de poder de las redes sociales, y la difusión de la pornografía en todos los sectores de la sociedad, tanto masculina y como femenina. La política tribal de poder de la creciente 'cultura de la cancelación' amenaza con derribar los cimientos de la tradición liberal, que ha permitido a las Iglesias sobrevivir en Australia incluso cuando se socavaban los fundamentos jurídicos judeocristianos sobre la vida, el matrimonio, la familia y la sexualidad.

En la nueva política de género y raza, los hombres blancos, y especialmente los hombres blancos mayores, representan lo peor del pasado, del detestado racismo, colonialismo, sexismo y patriarcado. Citando a Paul Kelly, de *The Australian* (a quien he encontrado regularmente útil para tratar de entender lo que está sucediendo en nuestra sociedad en general, debido al declive del cristianismo), se puede afirmar que estas fuerzas se oponen amargamente no sólo a la civilización cristiana, sino a los fundamentos de nuestro consenso tradicional occidental "de que todas las personas, independientemente de su raza, religión, sexo o género son iguales ante la ley y comparten una dignidad común."

Las cuestiones en disputa difícilmente podrían ser más básicas. La razón, la libertad, la verdad, corren el riesgo de ser desterradas, mientras que las nociones de ley divina, de ley natural inmutable, suenan pintorescas y anticuadas, y se consideran expresiones de una mitología fallida.

Algunos escritores, como Larry Siedentop en *Inventing the Individual: The Origins of Western Liberalism*, reconocen las deudas del liberalismo con el cristianismo. La mayoría no lo hace. Mi sospecha es que los vínculos son aún más profundos y que cualquier sociedad occidental que se base en la premisa de la igualdad ante la ley para todas las personas y atribuya una dignidad común a todas y cada una de las personas, ciudadanos o extranjeros, productivos o dependientes, jóvenes y sanos o viejos y dependientes, una sociedad de este tipo sólo puede seguir existiendo cuando se sustenta en los ideales cristianos del amor universal, a menudo expresados como derechos humanos, derivados de un Dios Creador.

Para ello no hace falta ser cristiano, ya que un instinto o una simpatía postcristiana puede ser suficiente, pero esto también está en declive, descartado salvajemente en nuestras universidades. Las fuerzas brutales que impulsan la evolución, la ley de la selva, las desigualdades económicas e intelectuales entre los seres humanos, las diferencias entre fuertes y débiles, enfermos y sanos, todo ello contradice cualquier reclamo de dignidad humana universal. Ya existe una parte importante de la sociedad que apoya explícitamente el tribalismo, la venganza, el poder bruto y la dominación en lugar de cualquier tendencia hacia el consenso. En una Australia postcristiana y hostil, sostener el ideal del liberalismo podría ser tan difícil como implantar la democracia en Irak o en Afganistán.

No creo que la batalla haya terminado, que se haya perdido todo el terreno. Recientemente, un alto cargo público me dijo que la única opción ahora para los cristianos en Australia es dirigirse a las catacumbas y que la corrupción sólo podría detenerse mediante algunos martirios. Espero y creo que se trata de una lectura errónea de la situación, excesivamente pesimista. Pero la situación está cambiando y las poderosas mareas corren en contra de muchas de las enseñanzas cristianas, aunque no de todas. La mayoría de los australianos siguen creyendo que "todo el mundo tiene derecho a un trato justo." Con la misma certeza, si no queremos que la situación empeore, no sólo los cristianos, sino todos aquellos que valoran nuestro modo de vida occidental necesitan "tener una oportunidad", que es el segundo pilar del consenso australiano, el sentido común de nuestros antepasados que nos otorgó nuestra decencia y prosperidad.

Antes de empezar con los elogios a todo lo que está haciendo el colegio Campion e intentar relacionarlo con los cambios sociales que estoy describiendo, debemos dirigir nuestra atención brevemente a un peligro percibido recientemente, un cambio de

163

juego en todos los sentidos: la beligerancia y hostilidad de China
–un país en ascenso, rico y poderoso– hacia Australia.

La guerra es una posibilidad real en la próxima década, más
probablemente relacionada con Taiwán, pero no necesariamente.
El reciente libro de Jim Molan *Danger on our Doorstep*, aunque se
debe tomar con cautela, advierte sobre un posible segundo Pearl
Harbour y no ofrece mucho consuelo. Recomiendo encarecidamente
su lectura.

Una de las pocas tareas de vital importancia del gobierno del
primer ministro Anthony Albanese es aumentar nuestra capacidad
para defendernos, infligir daños a cualquier agresor a corto plazo
y ser capaces de hacerlo durante los próximos veinte o cuarenta
años. Esperamos y trabajamos por la paz, pero si ocurriera lo
peor, o incluso si surgieran graves problemas, principalmente en
el norte del país, los altos niveles retóricos actuales no servirían
absolutamente para nada. Se necesitan hechos, no palabras.

China nos considera un eslabón débil de la alianza con los
Estados Unidos, debido a nuestra dependencia comercial con ellos
y a nuestra debilidad militar. Un vacío de poder y una sociedad
desprotegida y frívola son tentaciones para los dictadores,
especialmente si quieren distraer a sus ciudadanos de los
problemas propios que tienen, coo son la pobreza y la desigualdad,
la opresión y el descontento, así el desbalance de los treinta y cinco
o cuarenta millones de varones por sobre la cantidad de mujeres, y
la perspectiva de más de doscientos millones de personas menos en
la población activa para el año 2050.

China volverá a centrar la conversación nacional australiana,
independientemente de cómo evolucione la situación, y no me
refiero sólo al aumento de los impuestos para gastos de defensa
o a la introducción del servicio militar obligatorio. Australia
podría verse obligada a decidir si amamos a nuestra nación lo
suficiente como para estar dispuestos a defenderla; si creemos en
la libertad y en la democracia lo suficiente como para resistir frente
a un dictador poderoso. Casi inevitablemente, Australia se verá
obligada a recurrir a las fortalezas de su civilización occidental, que
ha sido forjada a lo largo de siglos de diálogo o lucha, en medio

del renacimiento del Reino Medio (chino), una civilización que fue poderosa en el pasado, tan antigua como Grecia y más que el Imperio Romano; pero muy diferente de nuestro modo de vida, y actualmente muy opresiva con sus ciudadanos.

Otro factor significativo es que el cristianismo, principalmente el protestantismo, se está expandiendo en China al igual que se expandió en el hostil Imperio Romano pagano. Es probable que China tenga ya probablemente entre sesenta y noventa millones de cristianos, y que sea uno de los países cristianos más grandes del mundo.

Es razonable pensar que los australianos del futuro, al menos en algunas circunstancias, tendrán más cosas que les interesen que los partidos de la State of Origin y la Copa de Melbourne. Pero, en cualquier caso, Australia necesitará patriotas lúcidos y valientes.

### ¿Dónde y cómo encaja Campion?

El Campion College es una comunidad muy pequeña de estudiantes y profesores, y en cierto sentido necesita ser pequeña para fomentar la pregunta y la respuesta, la objeción y la solución, el diálogo, que está en el corazón de toda auténtica educación terciaria, especialmente en el ámbito de las humanidades.

Campion no es práctico, ya que su principal estudio de grado (*Bachelor of Arts*) no proporciona ninguna preparación o cualificación profesional específica. El Campion College no es contemporáneo, ya que está adelantado a su tiempo, aunque es un brillante ejemplo de incorrección política. Se dedica al estudio de la Civilización Occidental, ese magnífico florecimiento de la fusión de las antiguas tradiciones de Jerusalén, Atenas y Roma que produjo la Cristiandad constantiniana, que duró hasta la Reforma, la Reforma misma, el Renacimiento, la Ilustración y la Revolución Científica. Los europeos crearon nuevas naciones: españoles y portugueses, y luego franceses e ingleses, en América, Australia y Nueva Zelanda, y establecieron el dominio colonial en África y en partes de Asia. Esto tuvo un precio, a veces un enorme coste moral. Pero también hubo avances en educación, sanidad, derecho, transporte y difusión de la democracia, que compensaron el lado oscuro de la Revolución Francesa, el nazismo, el comunismo y el colonialismo. El siglo de humillación sufrido por los chinos se siente profundamente allí y alimenta su asertividad, pero Hong Kong, hasta su reciente absorción, y también Singapur son logros humanos de renombre.

Campion estudia la historia a través de gafas cristianas, evaluando lo correcto y lo incorrecto, el bien y el mal, rechaza cualquier noción de opacidad y trabaja para desarraigar los prejuicios. Pero inculca el amor y el orgullo por nuestra tradición, del mismo modo que amamos a nuestras familias, sin dejar de reconocer los errores. El programa de artes liberales pretende impartir a los estudiantes "una comprensión integrada de los acontecimientos, ideas, movimientos, personalidades y obras que han conformado el desarrollo de la cultura occidental, en las cuatro disciplinas clave de la historia, la literatura, la filosofía y la teología". También se ofrecen "unidades optativas de ciencias, matemáticas, latín y griego antiguo."

En otras palabras, se introduce a los estudiantes en la sabiduría de los tiempos a través de nuestra tradición, que es la tradición occidental. Los alumnos aprenden sobre las virtudes cardinales, sobre la fe y la razón, sobre la búsqueda de sentido en la vida. Aprenden a analizar y sintetizar, a decir lo que quieren decir y a querer decir lo que dicen, a escribir y pensar de manera lógica y con claridad, a tener sabiduría práctica, y a tener algo valioso que decir sobre las cuestiones humanas básicas, más allá de la profesión que elijan seguir en el futuro.

Esta es una base personal ideal para cualquier carrera profesional y para ese rol innombrable, vital para la sociedad, de esposa y madre, y del cuidado de los hijos. Incluso puede ayudar a los despreciados varones de nuestra especie a ser buenos padres –y maridos–. Dado que esta educación es buena para los individuos, se deduce que es buena para la sociedad. Mucho de lo que el Campion College se esfuerza ahora por hacer ya se hacía hace cien o incluso cincuenta años por parte de las élites y los defensores de la familia, la escuela, la iglesia, la universidad e incluso gran parte de los medios de comunicación. Ya no es así.

Se puede describir lo que necesita la sociedad de diversas maneras: como la tradición, el ritual y el culto; personas seguras de sí mismas, modestas; no temerosas y, por tanto, no tentadas por el autoritarismo. Se podría decir que la sociedad necesita fe religiosa, respeto por el orden y la jerarquía, patriotismo, conciencia del pecado original, conciencia de la falibilidad que atraviesa todo corazón y toda comunidad humana, y la misma conciencia de que la capacidad humana de mejora es limitada. El progreso es difícil porque el éxito no está garantizado por las buenas intenciones que se puedan tener.

Toda sociedad, para no retroceder, necesita de conservadores sociales de todo el espectro para transmitir a los jóvenes aquello que merece la pena conservar de los tiempos pasados. Nuestra sociedad ya sufre un caos doméstico que se extiende lentamente, familias dañadas, niños frágiles, alcohol, drogas, pornografía. Los niños necesitan adultos que brinden estabilidad, que establezcan límites para que puedan florecer el amor y el respeto, y donde se ejemplifiquen los conceptos de deber, honor y compasión.

Los jóvenes necesitan que se les muestre que existen verdades morales, sobre el bien y el mal, que no las inventamos, al igual que existen verdades matemáticas, físicas, ecológicas y de salud pública. La sociedad necesita entender que detrás de la evolución está el Dios Creador, que no sólo es inteligente, un ser infinitamente inteligente, sino que es bondad y amor, y que está especialmente interesado por nosotros. Nuestra sociedad necesita recordar que creemos en la libertad de expresión, porque creemos en la verdad; que las cosas pueden conocerse tal como son, aunque sea de manera imperfecta. Si no hay verdad, no hay punto final en el debate o en la discusión. La tribu más poderosa simplemente decide e impone su solución por la fuerza. Nuestra sociedad también necesita el conocimiento del juicio final de Dios, de que cada persona estará obligada a responder por la obra de su vida, de que existen un cielo y un infierno. Todo este conocimiento brinda estabilidad a la sociedad y es un consuelo para muchas víctimas de la historia humana saber que la balanza de la justicia se equilibrará en la eternidad.

El Campion College no está solo en esta lucha, que llevan adelante muchos agentes y personas, millones incluso en Australia; la mayoría de ellos trabajando en silencio, pasando casi desapercibidos. La contribución del Instituto Ramsay es especialmente valiosa y todas las fuerzas de la justicia deberían esforzarse por cooperar, sean cuales sean los problemas que hubiera en el pasado.

Las guerras culturales continúan, y aunque nuestras pérdidas son considerables, no se ha perdido todo el terreno. Las numerosas víctimas del caos estarán cada vez más receptivas a nuestro mensaje y agradecerán la ayuda. Campion se ha unido a la batalla y está contribuyendo de manera constante. Es una perla en el desierto. Felicito a los fundadores del Colegio, por su visión y perseverancia, así como elogio la labor del Dr. Paul Morrissey, la de su equipo y la de sus estudiantes. Todos ellos merecen nuestro apoyo y estoy seguro de que vosotros, la familia Campion, seguiréis brindándoselo.

**El Cardenal George Pell pronunció este discurso en agosto del año 2022 ante un auditorio en el Campion College, una institución católica de educación superior de artes liberales situada en los suburbios occidentales de Sídney, Nueva Gales del Sur, Australia.**

# Sobre la muerte, el réquiem y la valentía del cardenal Pell

*George Weigel*

> "¡Por el amor de Dios! Sentémonos en el suelo
> y contemos tristes historias sobre la muerte de reyes."
> *Ricardo II*

El cardenal George Pell, que murió repentinamente de un paro cardíaco tras una exitosa operación de prótesis de cadera el 10 de enero de 2023, desdeñaría la idea de que era una especie de rey, o incluso un príncipe, aunque era, de hecho, un Príncipe de la Iglesia y, en el corazón de muchos católicos, el líder referente de la ortodoxia católica dinámica tras la muerte del papa emérito Benedicto XVI. Sin embargo, a pesar de las carcajadas desde su puesto actual en la Comunión de los Santos, George Pell fue una figura tan impresionante en el catolicismo contemporáneo como los reyes cuya muerte lamentaba Ricardo II en el inigualable lenguaje de Shakespeare. ¿En qué sentido? Permítanme enumerarlos:

Prácticamente en solitario, Pell frenó la sangría doctrinal y disciplinaria del catolicismo australiano que probablemente habría llevado a esa Iglesia local a convertirse en un símil, con menos financiación, del catolicismo apóstata alemán.

Pell fue la fuerza impulsora detrás de la revisión (y mejora sustancial) de las traducciones al inglés de las oraciones del Rito Romano, que ahora son más elegantes y orantes, y más fieles a los originales latinos.

Desempeñó un papel importante en la elección del cardenal Joseph Ratzinger como Benedicto XVI y luego trajo a ese papa (con quien había trabajado cuando Ratzinger era Prefecto de la Congregación para la Doctrina de la Fe) a Sídney para la Jornada Mundial de la Juventud del año 2008: un evento que tuvo un efecto de percusión en Australia, similar al que tuvo para el catolicismo en los Estados Unidos, la Jornada Mundial de la Juventud del año 1993, es decir, transformó la Nueva Evangelización de ser un eslogan a ser una gran estrategia eclesial, con efectos pastorales reales sobre el terreno.

Fue el oponente más visible de la dictadura del relativismo *woke* en la vida pública australiana, un enérgico opositor de lo que Juan Pablo II llamó la "cultura de la muerte" con su aceptación del aborto y la eutanasia, un crítico inteligente de los "nuevos ateos" como Richard Dawkins, y el azote de los profetas del cambio climático catastrófico y antropocéntrico como Bill McKibben.

Desempeñó un papel central en la impugnación de la forma en que el personal del Sínodo de los Obispos intentó manipular la reunión del año 2014 de ese órgano, y luego volvió a intentarlo en el Sínodo del año 2015.

Inspiró a una generación de jóvenes sacerdotes y obispos australianos a ser los buenos pastores para los que fueron ordenados, blindando a sus rebaños contra la toxicidad de la deconstrucción posmoderna de lo humano y desafiando a todos los bautizados a ser agentes de la construcción de una cultura de la vida a través del poder del Evangelio.

Vivió la vida del buen pastor que pedía a los demás que también la vivieran, invitando en una ocasión a treinta personas sin hogar a tomar el té, por la mañana, en su residencia arzobispal y saliendo a la calle a comer con los sin techo una vez al mes, y sin llevar un equipo de cámaras con él.

Habló con la verdad ante el poder mediático y despreció las brutales calumnias de las que fue objeto por parte de la mayor parte de la prensa australiana, incluida la *Australian Broadcasting Corporation*, financiada por el gobierno. Y en las raras ocasiones en las que tuvo la oportunidad de exponer sus propios argumentos, dio lo mejor de sí, respondiendo con fuerza, pero también con buen humor, algo de lo que a menudo carecían sus acérrimos adversarios.

Tras ser llamado a Roma por el papa Francisco, el cardenal Pell trabajó contra la corrupción financiera en la Santa Sede, reformando a fondo el Banco Vaticano e identificando otras reformas necesarias para garantizar la probidad y la solvencia del Vaticano, hasta que el apoyo con el que contaba por parte de la máxima autoridad, desapareció.

Se enfrentó a la maliciosa y nefíasta manipulación del sistema de justicia penal en el estado australiano de Victoria, que le costó 404 días de prisión en régimen de aislamiento antes de ser triunfalmente absuelto de los inverosímiles cargos de "abuso sexual histórico", por el Tribunal Superior de Australia (que esencialmente afirmó, respecto del jurado de primera instancia que lo condenó y de la mayoría del panel de apelación que confirmó la condena, que habían actuado de forma irracional). Al ganar su caso, y a pesar del enorme sufrimiento, George Pell ayudó a preservar lo que quedaba del estado de derecho en el país que tanto apreciaba, y dejó tres volúmenes de diarios de prisión que se han convertido en un clásico espiritual contemporáneo, que brinda consuelo a personas de todo el mundo.

## El réquiem romano

Tras un día de visita en la pequeña iglesia de San Esteban de los Abisinios, detrás de San Pedro, donde los amigos se acercan a rezar junto a su féretro y rociarlo con agua bendita (una encantadora costumbre italiana), la Misa de Réquiem del cardenal Pell se celebró el 14 de enero de 2023 en el ábside de la basílica vaticana, bajo la colosal obra maestra de bronce de Gianlorenzo Bernini, el Altar de la Cátedra. Las liturgias no papales, incluidos los réquiems cardenalicios, se celebran siempre en ese amplio espacio. Pero los veteranos de este tipo de eventos dijeron que la congregación que se reunió para despedir a George Pell, y rogar al Padre de las misericordias que acogiera a su siervo en el abrazo de la Trinidad, era la más numerosa que habían visto. Poco antes de que comenzara la Misa, los Sanpietrini, el personal de la basílica, estaban colocando frenéticamente las sillas detrás de los bancos del amplio ábside, ya que todos los bancos disponibles se habían ocupado. Y así, la congregación llenó toda la zona entre el Altar de la Cátedra y otro triunfo de Bernini, el baldaquino, sobre el altar mayor papal bajo la gran cúpula de la basílica. Como dijo uno de los antiguos colaboradores del cardenal: "Cuando la gente viene desde todo el mundo y con tan poca antelación, se está diciendo algo."

La Misa de Réquiem fue celebrada por el cardenal Giovanni Battista Re, decano del Colegio Cardenalicio, con decenas de carden-ales y obispos concelebrantes y otros presentes "a coro". Entre los concelebrantes se encontraban los dos oponentes más obstinados de las reformas financieras de Pell, el cardenal Domenico Calcagno y el cardenal Giovanni Angelo Becciu (cuyo envío de fondos vaticanos a Australia durante el purgatorio judicial de Pell nunca se ha explicado satisfactoriamente, y que emitió una declaración melosa e interesada con motivo del fallecimiento de Pell). Luego estaba el cardenal jesuita Michael F. Czerny SJ, cuya tesis doctoral, *"Feuerbach el maestro y Marx el profeta: Una introducción a la religión"*, Pell, el erudito con doctorado en Oxford, había leído y encontrado espantosa. De manera más adecuada, entre los concelebrantes había muchos hombres que estimaban a George Pell: entre ellos se encontraban el Vicario retirado de Roma, el cardenal Camillo Ruini; los cardenales estadounidenses Raymond Burke, James Harvey y Edwin O'Brien; y el nonagenario nigeriano Francis Arinze. El único concelebrante no episcopal fue el último sacerdote-secretario de Pell, el padre Joseph Hamilton.

La homilía del cardenal Re describió al fallecido cardenal como "un hombre de Dios y un hombre de la Iglesia" que se "caracterizaba por una profunda fe y una gran firmeza doctrinal, que siempre defendió sin vacilación y con valentía, preocupado únicamente por ser fiel a Cristo". Y aunque eso podría haber sonado a palabras vacías para algunos, en este caso no lo fue. Me pareció muy sincero, porque Pell y Re se respetaban mutuamente y habían trabajado juntos en más de una ocasión para evitar lo que creían que serían decisiones catastróficas de la actual administración papal. La lectura del Evangelio en el Réquiem fue igualmente acertada, dadas las circunstancias de la muerte del cardenal, ya que Lucas 12 recoge el elogio del Señor a los "siervos a quienes su señor encuentra vigilantes a su llegada." El cardenal Decano tampoco se equivocó al señalar que George Pell era un "protagonista decidido y de voluntad fuerte", notable por su "fuerte carácter." Lo que el cardenal Re podría haber añadido es que, a diferencia de sus oponentes periodísticos, políticos y eclesiásticos, Pell, aunque luchaba intensamente, siempre lo hacía de manera justa.

Como es habitual en estas ocasiones, el papa celebró la última parte de la liturgia, el rito final y despedida, después de ser trasladado en silla de ruedas al ábside de la basílica y luego sentado en una silla portátil. Aunque se veía de mal aspecto, el papa Francisco encomendó al difunto a la misericordia de Dios y, tras ser trasladado en silla de ruedas del ábside, se detuvo un momento para recibir al hermano del cardenal Pell, David, quien le dijo a Francisco refiriéndose a su hermano: "Él era tu amigo". El papa dio una palmada en el hombro a David Pell.

El único momento incómodo del Réquiem se produjo al final, cuando seis Sanpietrini permanecían de pie alrededor del féretro, aparentemente sin saber qué hacer a continuación. Llegaron refuerzos, y el pesado féretro que llevaba los restos mortales del cardenal George Pell, un hombre grande en todos los sentidos, fue llevado fuera de San Pedro mientras la congregación estallaba espontáneamente en un aplauso sostenido y emitía así su propio juicio sobre una gran vida.

## Los últimos testamentos, por así decirlo

Al predicar en el año 1998 en la misa funeral de su amigo y mentor, el líder laborista australiano B. A. Santamaría, ferozmente anticomunista y firme católico, el entonces arzobispo de Melbourne, Mons. Pell, dijo: "Se nos dice que la señal segura de un falso profeta es que todos hablan bien de él. En la muerte, al igual que en la vida, Bob Santamaria ha escapado triunfalmente de ese destino." Lo mismo podría decirse de George Pell. Y las calumnias contra Pell se multiplicaron mientras los defensores del catolicismo diluido o "*light*" se debaten entre dos documentos que, justa o injustamente, serán considerados como el último testamento del cardenal.

El primero, un artículo, aparecido en el *London Spectator* días después del fallecimiento del cardenal y que era una crítica mordaz del documento de trabajo para el Sínodo sobre la Sinodalidad.

El lenguaje de la crítica de Pell era implacable: el proceso sinodal se ha convertido en una "pesadilla tóxica" en la que los obispos, normalmente considerados los protagonistas de un Sínodo de Obispos, han sido marginados; además, el documento de trabajo para la fase continental del Sínodo es una "efusión de buena voluntad de la Nueva Era" que es "hostil de manera significativa a la tradición apostólica y en ningún lugar reconoce el Nuevo Testamento como la Palabra de Dios, normativa para toda fe y moral." El cardenal también se mostró profundamente preocupado por el hecho de que el Relator principal (o líder) cuando el Sínodo se reúna en octubre de 2023 esté previsto que sea el cardenal luxemburgués Jean-Claude Hollerich, SJ, que ha "rechazado públicamente las enseñanzas básicas de la Iglesia sobre sexualidad basándose en que contradicen la ciencia moderna"; "en tiempos normales", continuó Pell, "esto habría significado que su continuidad como Relator era inapropiada, de hecho, imposible."

A pesar de las caricaturas, George Pell no era autoritario (a diferencia de algunos de los que lideran el proceso sinodal). En su artículo del *Spectator*, admite libremente los "errores de los obispos, que a veces no escuchan ... y pueden ser clericales e individualistas". Pero Cristo ordenó que su Iglesia fuera gobernada por obispos que, como escribió Pell, han sido, "desde los tiempos de San Ireneo de Lyon ... los garantes de la fidelidad continua a las enseñanzas de Cristo, la tradición apostólica."

Y esa es la cuestión de fondo en todo el debate, a menudo superfluo, sobre la "sinodalidad" en la Iglesia contemporánea, ya se trate del "Camino Sinodal" de la Iglesia alemana o de este Sínodo sobre la sinodalidad en sus diversas fases: ¿Es la revelación divina real, autorizada y vinculante a lo largo del tiempo, o nuestra experiencia contemporánea nos autoriza a modificar, ajustar o incluso prescindir de lo que nos llega a través de la Biblia y la tradición apostólica?

El segundo de estos "últimos testamentos" es en realidad un documento anterior, una crítica exhaustiva del pontificado actual, publicado por primera vez el pasado mes de marzo de 2023 en el blog *Settimo Cielo* del veterano vaticanista Sandro Magister, cuyo autor se identifica bajo el seudónimo de "Demos". Al día siguiente de la muerte del cardenal Pell, Magister afirmó en su blog que "Demos" era en realidad George Pell. A juzgar tanto por el texto como por mis propias conversaciones con el cardenal, me parece probable que el documento fuera el resultado de conversaciones entre no pocos miembros del Colegio Cardenalicio, conversaciones de las que el cardenal Pell probablemente fue el redactor final.

El manifiesto "Demos" es menos polémico que el artículo del *Spectator* y presenta argumentos contra la actual dirección de la política y la acción papales en varias categorías: ecológico-doctrinal, legal y administrativa. El manifiesto merece una lectura atenta y cuidadosa, por lo que sólo se mencionarán aquí algunos puntos resumidos.

1. La actual administración papal no parece tener clara la naturaleza del Oficio Petrino en la Iglesia. Está bien que este papa o cualquier otro anime a los jóvenes a "liarla" probando nuevas formas de llevar a Cristo a los demás y de servir a los marginados. Pero el papado no existe para hacer lío. Como señala "Demos", "Antes, el lema era Roma locuta. Causa finita est. (Roma ha hablado. El caso está cerrado.) Hoy es: Roma loquitur. Confusio augetur. (Roma habla, la confusión crece.)."

2. Hay un marcado déficit cristocéntrico en la enseñanza de la Iglesia hoy. Esto se manifiesta de muchas maneras, entre ellas los "ataques sistemáticos" al "legado cristocéntrico de San Juan Pablo II", que se manifiestan en el desmantelamiento del Instituto Juan Pablo II sobre el Matrimonio y la Familia de la Universidad Lateranense (ahora sin estudiantes), y en los ataques a las enseñanzas de San Juan Pablo II en la encíclica Veritatis Splendor, ocurrido en varias sedes académicas romanas y en la Pontificia Academia de la Vida.

3. La anarquía, más que la justicia, caracteriza actualmente la práctica administrativa y judicial del Vaticano. "Demos" critica incluso el hecho de que el cardenal Becciu haya sido "destituido de su cargo" y despojado de muchos de sus privilegios "sin ninguna prueba" y sin el "debido proceso". Lo mismo podría decirse de la forma en que este pontificado trató al arzobispo de París y al obispo de Arecibo, en Puerto

Rico. No son infrecuentes los actos fuera de la ley en el Vaticano durante el actual pontificado, incluyendo escuchas telefónicas y confiscaciones de bienes.

4.  El uso constante del motu proprio como instrumento de gobierno papal se asemeja al uso excesivo de órdenes ejecutivas por parte de los presidentes de los Estados Unidos y delata un cierto enfoque autocrático del gobierno.

5.  Las finanzas del Vaticano siguen en serios problemas, tanto en términos de procesos financieros dentro de la Santa Sede, en políticas y prácticas de inversión, como en un vasto pasivo de pensiones no financiadas.

6.  La autoridad moral de la Santa Sede en los asuntos mundiales está "en horas bajas", debido a la actual política del Vaticano hacia China y otros países autoritarios, donde el "diálogo" ha sustituido a un claro testimonio moral y a la firme defensa de los cristianos perseguidos.

El documento "Demos" concluye esbozando lo que se requerirá en el próximo cónclave para elegir a un nuevo papa.

Las personas serias de la Iglesia se centrarán en la cuestión de si estas palabras describen con exactitud la situación católica actual. Dejemos que los críticos demuestren lo contrario.

## "No tengáis miedo"

La muerte de Benedicto XVI fue una tristeza, pero el dolor fue soportable porque su muerte era algo previsible fruto de su avanzada edad. La muerte de George Pell golpeó como un martillazo a quienes esperaban de él un liderazgo en la actual circunstancia que vive el catolicismo. Sus amigos se sienten privados de una fuente de sabiduría, fuerza y, sí, alegría, pues el cardenal Pell era una persona inmensamente divertida. Y, hay que decirlo, el cardenal que, quizá más que ningún otro, infundió valor y coraje en sus compañeros cardenales ha sido retirado de la escena; entonces, ¿qué está diciendo el Señor? Tal vez se podría sugerir que el mensaje que se transmite es el siguiente: Es hora de que otros miembros del Colegio Cardenalicio den un paso al frente y muestren la determinación y fortaleza que caracterizaron el servicio de George Pell a la Iglesia.

Al ser nombrado obispo, Pell tomó como lema episcopal la frase emblemática de Juan Pablo II en la homilía de su misa inaugural del 22 de octubre de 1978: "No tengáis miedo". Viviendo esa exhortación en su propia vida, George Pell ayudó a muchísimos otros a vivir, no tanto sin miedo, sino más allá del miedo: a afrontar nuestros retos con la certeza de que es Cristo quien ha triunfado sobre el pecado y la muerte, y es Cristo quien en última instancia está al frente de la Iglesia. Nuestra tarea es conformar nuestras vidas, enseñanzas y acciones a esas realidades fundamentales de la vida cristiana.

Es, en verdad, un tiempo tenebroso en la Iglesia católica, y esto es aún más evidente en un Vaticano donde el miedo ha llegado a dominar la atmósfera durante el pontificado del papa Francisco. Con la encarnación de la intrepidez católica, el cardenal George Pell, habiendo partido hacia su recompensa eterna, nosotros que le queríamos y tuvimos la suerte de haber colaborado con él debemos ahora vivir esa intrepidez y llamar a otros hacer lo mismo, especialmente aquellos encargados de proporcionar a la Iglesia su futuro liderazgo papal.

# George Pell, un martyr blanc

## Cardinal Oswald Gracias

Les soutanes pourpres sont une injonction, comme il l'est indiqué clairement à tous les nouveaux cardinaux lors d'un consistoire : « Vous être prêts à l'accomplir avec force, *usque ad effusionem sanguinis* — au point de donner votre sang ... »

Jeune séminariste, j'ai entendu les noms de József Mindszenty de Esztergom-Budapest, Josef Beran de Prague, Josyf Slipyj de Lviv. Ces cardinaux « géants » furent emprisonnés et exilés. Certains d'entre eux, de cette période, sont déjà béatifiés : le cardinal Alojzije Stepinac de Zagreb et le cardinal Stefan Wyszyński de Varsovie. J'ai lu leurs histoires et admiré de loin leur témoignage.

Maintenant j'ajouterai le nom de George Pell à cette liste, un collègue proche, un ami et un frère au sein du Collège des cardinaux. Il vécut de façon remarquable la mission cardinalice de force d'âme.

Sa conviction illicite en Australie, le fruit d'une campagne de diffamation publique à son encontre, était un « martyre blanc », qui l'envoya en confinement solitaire pendant 404 jours, sans aucune possibilité de célébrer l'Eucharistie. Le témoignage de ce calvaire, rassemblé dans les trois volumes de son *Journal* de prison, est la preuve qu'une petite cellule ne peut confiner une grande âme. Le Journal de Pell, animé par l'espérance chrétienne et magnanimité pour ses persécuteurs, sont une addition précieuse au corpus de la littérature carcérale chrétienne inspirante.

Sa mort soudaine et inattendue — nous nous étions rencontrés brièvement quelques jours auparavant — prive l'Église de sa voix claire et courageuse.

Je suis donc reconnaissant aux éditeurs de ce volume dédié à la mémoire du cardinal Pell et je suis heureux de le recommander aux lecteurs avec cette introduction.

Au moment de son décès, il avait déjà plus de 80 ans et était à la retraite. Néanmoins, le cardinal Pell était partie prenante de la vie de l'Église et ses contributions étaient précieuses. De fait, l'effet purifiant de son emprisonnement injuste imprègne ses pensées d'une gravité plus grande et d'une portée plus vaste. Nous devrions écouter attentivement le témoignage et les réflexions de ce martyre blanc.

Même avant le témoignage de ses dernières années, le cardinal Pell avait eu un impact exceptionnellement important sur la vie de l'Église universelle, en plus de son statut unique en Australie — le seul membre du clergé à avoir été archevêque de Melbourne et archevêque de Sydney.

Dans les années 1990, en tant que jeune évêque auxiliaire, il fut nommé à la Congrégation pour la doctrine de la foi. Il y commença sa collaboration avec le cardinal Joseph Ratzinger, qu'il accueillera plus tard comme pape Benoît XVI à Sydney pour la Journée mondiale de la Jeunesse 2008.

En 2001, le Saint-Siège créa le comité d'évêques anglophones *Vox Clara* pour proposer une nouvelle traduction du Missel romain. George Pell, qui n'était pas encore cardinal, fut nommé président, et moi, à ce moment-là j'étais à Agra en tant qu'archevêque, vice-président. Cela explique en partie notre étroite collaboration et amitié.

*Vox Clara* avait un objectif étonnamment ambitieux — celui d'aider à produire une traduction unique de la Sainte Messe pour les catholiques anglophones du monde entier. La traduction qui en a résulta — exacte, accessible et digne du culte divin — fut l'une des reformes liturgiques les plus importantes de ces cinquante dernières années. Le cardinal Pell réussit à mener un comité varié vers l'unité pour le *lex orandi* de l'Église. Aujourd'hui, les catholiques offrent les mêmes prières à la messe, que ce soit à Ballarat, la ville natale de Pell en Australie ou à la cathédrale Saint-Mathieu l'Apôtre de Washington où j'ai célébré l'Eucharistie à plusieurs reprises, ou encore dans nos églises de Mumbai. L'unité du culte à travers les différents continents et cultures a été une réalisation énorme ; peu de prélats ont ainsi approfondi la communion ecclésiale autant que le cardinal Pell et le Comité *Vox Clara*.

Après dix ans de travail acharné, de rencontres intenses,

beaucoup de discussions, une grande implication des dicastères du Vatican et d'authentiques efforts de collaboration de tous les membres avec un objectif clair, le projet de traduction anglaise théologiquement solide du missel fut achevé. Le cardinal Pell était notre leader — et il était certainement aux commandes. Le travail fut effectué sous sa direction. J'étais surpris et ravi lorsque nous furent appelés à une collaboration renouvelée et plus grande, en 2013 lorsque le pape François nous nomma tous deux pour siéger au Conseil des cardinaux, huit cardinaux venus de tous les continents pour conseiller le pape sur différents sujets. Nous devions nous rencontrer cinq fois par an, pour trois jours à chaque fois. C'était un travail intensif et nous devions discuter avec le Saint-Père des questions pour lesquelles il souhaitait notre conseil, sur la réforme de la Curie romaine et d'autres sujets concernant l'Église universelle.

Le cardinal Pell était fermement en faveur de réforme, comprenant que *ecclesia semper reformanda* était nécessaire précisément pour que l'Église puisse approfondir sa vraie identité qui lui avait été donnée par Jésus Christ. Lors de nos rencontres il était amical et honnête ; Pell parlait avec fermeté mais toujours avec un respect fraternel. Nous étions parfois en désaccord, mais cela ne diminuait pas notre respect et affection mutuels. Nous avions en tête un objectif commun et nous en étions tous deux conscients. Il voulait que toute réforme authentique soit enracinée dans la vérité de l'évangile — sans cela la confusion remplacerait la communion.

Le pape François remarqua les qualités et la compétence de Pell et le nomma bientôt premier préfet du Secrétariat pour l'Économie, lui confiant la tâche immense d'éradiquer toute trace de mauvaise gestion des biens temporels de l'Église, accroitre la transparence, promouvoir de saines politiques financières et développer des stratégies de planification afin de gérer les ressources matérielles du Saint-Siège.

Existe-t-il un évêque de génération récente qui s'est vu confier des responsabilités à l'échelle de l'Église universelle pour des projets aussi variés que la traduction du missel romain et l'adoption de nouveaux protocoles pour les finances du Vatican ?

L'histoire de la réforme financière continue. Certaines des

initiatives initiales de Pell furent mal comprises. Le temps a prouvé qu'il allait dans la bonne direction.

En plus de quinze ans à travailler en collaboration étroite, nous n'étions pas toujours d'accord. Je pense qu'il ne s'attendait pas à ce que nous soyons toujours d'accord. Il était un homme honnête qui disait ce qu'il pensait, sans crainte et sans ambages. Et quand il était convaincu que les enseignements de Jésus étaient en jeu — comme je l'ai constaté durant plusieurs synodes — il s'exprimait avec passion et éloquence. Je pense qu'il a rendu un grand service à ses frères évêques, au Saint-Père et à toute l'Église. Sa contribution était précieuse et incontournable.

Archevêque de deux sièges importants, traducteur liturgique, hôte de la Journée mondiale de la jeunesse, réformateur curial, directeur financier et conseiller pontifical — il accomplit tout cela tout en émergeant comme une voix catholique de premier plan en Australie, aux États-Unis, au Royaume-Uni et au-delà. Il aurait pu considérer que sa mission était plus qu'accomplie quand il arriva à l'âge de 75 ans, en 2016.

Pourtant, le dernier grand témoignage était encore devant lui. En 2017 des accusations furent portées contre lui pour abus sexuel, des accusations dont les détails étaient complètement improbables. Je m'en suis rendu compte dès le début. J'ai donc été très surpris de la façon dont le procès s'est déroulé. Il était à Rome, confortable et en sécurité, mais il décida qu'il retournerait afin d'être jugé. C'était un battant ! Trois ans de sa vie furent consumés par ces accusations étranges, comme ses critiques farouches l'ont eux-mêmes admis. Il sera finalement complètement acquitté à l'unanimité par la Haute Cour d'Australie.

Je me sentais grandement soulagé que justice soit enfin faite. Mais Pell, l'être humain, devait avoir beaucoup souffert. J'étais stupéfait lorsque quelques mois avant sa mort, durant son passage à Mumbai, durant nos longues conversations, il n'y avait pas la moindre trace d'amertume. Cela ne pouvait qu'être le fruit de la grâce et la noblesse de sa nature. Durant nos conversations j'ai cherché une occasion de lui offrir de l'empathie — de lui dire que je comprenais sa souffrance. Mais il n'en avait pas besoin. Le passé était de l'histoire révolue !

Les funérailles du cardinal Pell à Sydney, à la cathédrale St. Mary, furent à la fois des adieux tout à fait sublimes à l'un des plus grands ecclésiastiques d'Australie et, en même temps, une reconstitution de la *via Dolorosa*, avec des manifestants qui lançaient des injures sur son cercueil. Un nouvel âge de martyre blanc pour l'Église !

Nombreux furent ceux dans la procession funéraire qui se sentirent affermis par l'écho dans leurs oreilles et dans leurs cœurs de la devise du cardinal, *N'ayez pas peur*! Il l'avait reprise du pape Jean-Paul II, qui l'avait apprise du Seigneur lui-même.

Lorsque je suis devenu cardinal en novembre 2007, le pape Benoît XVI prêcha sur ce qu'est la mission d'un cardinal à la lumière de 1 Pierre 3 :15-17 :

« Mais sanctifiez dans vos cœurs Christ le Seigneur, étant toujours prêts à vous défendre, avec douceur et respect, devant quiconque vous demande raison de l'espérance qui est en vous, et ayant une bonne conscience, afin que, là même où ils vous calomnient comme si vous étiez des malfaiteurs, ceux qui décrient votre bonne conduite en Christ soient couverts de confusion. Car il vaut mieux souffrir, si telle est la volonté de Dieu, en faisant le bien qu'en faisant le mal. »

George Pell fut créé cardinal lors du consistoire précédent, et il aura certainement lu ces mots. On peut voir que par la providence de Dieu, sa souffrance fut sa plus grande œuvre. Le cardinal Pell nous parle une dernière fois dans ces pages. Nous serions sages de l'écouter, et d'en être reconnaissant, comme je le suis pour le temps passé ensemble dans la vigne du Seigneur.

Je regrette que notre dernière rencontre, quelques jours avant sa mort, n'ait été trop courte. Je pourrais avoir appris plus, avoir été plus inspiré. Il a rejoint les rangs des grands cardinaux qui ont tout donné pour l'Église, à la suite du Seigneur. Cet ami sage et cher va me manquer !

# Pell *contra mundum*

## *Abbé Robert A. Sirico*

### Préface

Peu nombreux sont ceux qui, à l'heure actuelle, réfléchissant et regardant la société, ne ressentent un grand désespoir face aux immenses problèmes qui touchent tant de personnes dans le monde, qu'ils soient économiques, liés à l'éclatement de la famille, à l'emprise étatique tentaculaire, au mépris sidérant de la vie humaine et bien d'autres choses encore. Toutes ces difficultés pourraient toutes être ramenées, à travers un prisme théologique, à une crise encore plus profonde — une crise de l'anthropologie. Cette crise anthropologique n'a rien à voir avec ce que d'aucuns pourraient avoir vu dans le *National Geographic*. L'anthropologie en cause ici est plutôt une profonde incompréhension de ce qu'est la personne humaine en tant qu'être façonné à l'imago Dei, dont le destin ultime s'accomplit en dehors de ce monde présent.

Je rends grâce d'avoir passé un certain temps avec le cardinal George Pell dans ses derniers jours. Nous avons souvent échangé en profondeur sur ces graves questions et nous nous sommes concentrés sur ce qui pourrait être fait pour que notre monde et notre Église reviennent à la raison.

J'ai fait partie d'un petit groupe de personnes qui a dîné avec le cardinal Pell le soir des funérailles du pape Benoît, d'heureuse mémoire. C'était le 5 janvier 2023. Le cardinal Pell devait entrer dans l'éternité seulement quelques jours plus tard.

Je ne voudrais pas laisser croire que je parle ici au nom d'un homme qui ne peut plus s'exprimer. Mes réflexions ci-après n'engagent que moi, sauf lorsque je citerai directement le cardinal. Je les offre comme un moyen de payer la dette — une grande dette — que j'estime avoir envers ce défunt prince de l'Église, cet ami. Le cardinal Pell fut pour moi un mentor, un frère et un père pendant plus d'un quart de siècle. Je l'ai connu comme un conseiller honnête et sage lorsque j'en avais besoin, et comme un critique lucide lorsqu'il estimait que je le méritais. Il me fut également un maître, aussi bien dans mon travail pastoral qu'au sein de l'Institut Acton, comme il le fut pour tant d'autres personnes.

## La dernière question du cardinal Pell à l'Église et à nous tous

Le cardinal George Pell n'était pas le genre de personne qui, en entrant dans une pièce, passait inaperçue. Sa vie elle-même n'est pas passée inaperçue. Cela n'était pas parce qu'il mesurait un mètre quatre-vingt-dix. Le cardinal évêque d'Australie nous dépassait tous physiquement, mais pas seulement de ce point de vue. Il était « au-dessus de la mêlée » et certains avaient du mal à digérer cela.

Au soir de sa vie, le cardinal Pell s'est de plus en plus préoccupé de la direction et de la gestion de l'Église universelle. Comme il en avait l'habitude, il a exprimé clairement ses préoccupations.

L'actuel « processus synodal » était l'une de ses préoccupations. Il considérait les discussions autour du processus synodal comme ambiguës, confuses et périlleuses.

Ce qui animait la profonde opposition du cardinal Pell à la direction actuelle du synode sur la synodalité était qu'il y percevait une hostilité à la Tradition apostolique elle-même et à l'enseignement normatif de cette tradition sur la foi et la morale des 2000 dernières années. Comme beaucoup peuvent l'imaginer, cette affirmation n'est pas anodine, surtout lorsqu'elle s'adresse au prélat luxembourgeois chargé du processus synodal. Le cardinal Pell l'a même accusé d'avoir publiquement répudié l'enseignement catholique et a demandé sa destitution.

Les débats passionnés ont évidemment toujours fait partie des synodes et des conciles de l'Église depuis l'époque du Concile de Jérusalem jusqu'au Concile Vatican II. L'actuel synode ne déroge pas à la règle.

La question essentielle à laquelle le cardinal Pell s'est efforcé d'apporter ses lumières dans ses derniers jours s'énonce ainsi : L'Église existe-t-elle en vertu d'un mandat divin, du dépôt de la foi confié aux apôtres et destiné, dès l'origine, à être transmis fidèlement et intégralement d'une génération à l'autre ? Tel a toujours été le postulat chrétien. C'est ce qu'affirment les documents du Concile Vatican II et, en fait, tous les conciles. C'est ce qu'enseigne le catéchisme de l'Église et c'est la fidélité que nous avons promise lors de nos baptêmes et, pour certains d'entre nous, à nouveau lors de nos ordinations.

Cependant, une autre question est soulevée : l'Église est-elle essentiellement un processus communautaire ouvert, dans lequel les idées et les expériences de chaque génération doivent être apportées à ce dépôt et que la communauté des croyants incrémente et peut modifier ce qu'est l'Église ainsi que ses dogmes et, par-là, l'emporter sur toute doctrine fixe, définie, statique ou rigide déjà établie ?

Il s'agit finalement de savoir si la doctrine fondamentale de l'Église est héritée et conservée comme un dépôt ou si elle est inventée et réinventée en permanence.

Il n'est pas aisé de répondre à ces questions. Elles sont plutôt complexes et c'est ce qui a attiré le Saint cardinal John Henry Newman dans l'Église.

Newman était l'une des figures de proue de l'Église d'Angleterre au XIXe siècle. Sa prose victorienne et sa profonde connaissance de la patristique lui valurent le respect et l'admiration d'une large partie de ses contemporains. Ses réflexions permirent aux anglicans de redécouvrir le catholicisme, ce qui a incité nombre d'entre eux à entrer dans l'Église romaine et c'est ce que l'on a appelé le mouvement d'Oxford.

En 1845, Newman deviendra catholique lui-même, mais seulement après avoir rédigé un compte rendu détaillé et exhaustif de la manière dont la foi des premiers disciples du Christ pouvait être transmise efficacement et fidèlement à travers les âges. Comment transmettre la foi au fil des époques, des langues, des coutumes et des découvertes scientifiques ?

On peut dire que Newman s'est inscrit lui-même dans la tradition de l'Église catholique en écrivant un livre pour répondre à cette question : « *Essai sur le développement de la doctrine chrétienne.* » C'est précisément cette question qui est si pertinente pour l'état actuel de l'Église.

La suite eut de quoi surprendre. L'admiré professeur d'Oxford, et l'un des penseurs les plus connus de son époque, s'est tout simplement présenté à la porte du presbytère de son évêque catholique local pour être reçu dans la pleine communion avec l'Église.

Il peut être difficile, de notre point de vue actuel, de mesurer pleinement le déclassement social que cela représentait à l'époque de Newman, où les catholiques n'avaient pas le droit d'étudier dans les grandes universités anglaises comme Oxford ou Cambridge, et où l'Église catholique romaine d'Angleterre était largement considérée comme la « mission italienne auprès des Irlandais. »

La conclusion essentielle de Newman est que si le développement de l'enseignement de l'Église est effectivement un processus dynamique qui prend en compte toutes les contingences mentionnées ci-dessus, avec les garanties appropriées (ce qu'il appelle ses sept « Notes »), un développement authentique peut être entrepris sans diluer le dépôt de la foi, mais plutôt en le renforçant et en le clarifiant.

Il ne s'agissait pas d'un développement pour le plaisir du changement, mais d'un approfondissement de la vérité reçue. La deuxième épître de Jean (2,9) met clairement en garde contre de tels faux progrès qui vont au-delà de la *didachè* (enseignement) originelle.

L'exemple concret le plus ancien d'une tentative d'appliquer l'Évangile à une nouvelle culture sans perdre le message se trouve peut-être dans le discours de Paul à l'Aréopage (Actes 17 :16-34), où l'apôtre tente de faire aboutir dans le Christ la recherche humaine du sens de la vie.

L'actuel processus synodal révèle qu'une telle attention aux racines et aux choses établies n'est pas à l'ordre du jour ni même envisagée.

Tout cela souligne le parallèle remarquable entre les figures des cardinaux Newman et Pell. Les similitudes sont frappantes.

Tous deux venaient de diocèses missionnaires à leur époque et tous deux étaient d'anciens élèves de l'Université pontificale urbanienne de la *Propaganda Fide* et, d'ailleurs, tous deux ont étudié à Oxford.

Les deux hommes furent des maîtres dans ce que l'on peut appeler les « arts de la controverse », c'est-à-dire qu'ils se sont engagés dans les débats brûlants de leur époque.

Les personnalités pastorales de nombreux prêtres et évêques semblent conditionnées pour éviter ces fameux sujets brulants, qui provoquent des débats, voire des conflits ; mais ni Newman ni Pell ne peuvent être rangés dans cette catégorie. Lorsque l'un ou l'autre a discerné, ce qu'il percevait comme une menace claire pour la tradition apostolique, il s'est exprimé et a mis le doigt sur le problème.

Certes, les périodes historiques et les cultures distinctes dans lesquelles ils ont vécu engendrent nécessairement des approches différentes : Là où le gentleman britannique Newman fut délicat et très nuancé, Pell se montrera robuste et énergique. Là où Newman fit preuve de subtilité et de circonlocution, Pell incarnera la franchise, une franchise parfois quelque peu brutale. Là où Newman se posa en homme de livres, Pell (bien qu'il fut évidement un intellectuel cultivé) sera toujours un « rugbyman » australien.

Ni l'un ni l'autre n'hésitait à répondre à ses détracteurs. La réponse sans appel de Newman à son contemporain Charles Kingsley allait devenir un classique de la littérature victorienne. « *L'Apologia Pro Via Sua* » est un récit rythmé et minutieux sur la sincérité de la conversion de Newman que Kingsley remettait en question. Charles Kingsley serait à peine connu aujourd'hui s'il n'avait été l'objet de cet écrit de Newman.

Si je devais choisir un bref exemple de ce qui pourrait représenter le style du cardinal Pell parallèle à celui d'Apologia, ce ne serait pas l'un de ses livres, mais l'une de ses boutades caractéristiques, celle-ci datant d'un débat avec le célèbre scientifique athée, Richard Dawkins, en 2019.

À un moment donné de l'échange, on a demandé à Dawkins comment son athéisme pouvait expliquer l'émergence d'êtres sensibles à partir de rien.

Dawkins a tenté de définir le « rien » et lorsque le public se mit à rire de ses divagations, Dawkins, s'est exclamé avec indignation : « Qu'y a-t-il de si drôle ? »

La réponse succincte de Pell fut déconcertante : « C'est drôle quand vous essayez de ne rien expliquer. »

Les cardinaux Newman et Pell ont tous deux subi des épreuves au cours de leur vie et ont souvent été méprisés par les élites médiatiques et les hommes d'Église. Pourtant, aucun des deux n'a jamais perdu le sens de sa mission, de sa foi ou de sa joie.

Dans le cas du cardinal Pell, cela s'est produit en 2019, lorsqu'il a passé 404 jours en cellule de deux prisons de haute sécurité, avec une période d'isolement, avec d'être tout à fait innocenté d'accusations que la Cour suprême d'Australie a finalement qualifiées « d'irrationnelles ».

L'expérience que lui a laissé cette épreuve est retranscrite dans ses « journaux de prison », un classique spirituel impressionnant, non pas par son côté dramatique ou sa prose aboutie, mais, au contraire, par son authenticité, sa simplicité presque sa banalité, qui montre comment une âme innocente affronte l'injustice et garde l'espoir.

Par-dessus tout, c'est en se tournant vers les vertus que l'on peut voir ce qui unit ces deux hommes : l'excellence morale du courage - la qualité qui équilibre la témérité et la lâcheté. Nous vîmes cette caractéristique se manifester chaque fois que l'un ou l'autre de ces hommes perçut des menaces pour l'Église, même si ces menaces venaient de l'intérieur.

Newman s'est opposé à la lente sécularisation et au remplacement du Christ au centre de sa chère église d'Angleterre lorsqu'il en était membre. Après sa conversion, il a mis en garde contre les influences corruptrices du pouvoir lorsque, avec Lord Acton et d'autres, il a averti que la dévotion à la tradition de l'Église et au Saint-Père ne devait pas confondre fidélité et flagornerie.

Mettant de côté les conséquences auxquelles l'un ou l'autre devait faire face en perdant son statut social ou en subissant les attaques d'autres personnes, Pell semblait partager la devise de Newman : « La sainteté plutôt que la paix. » Tous deux ont compris que la paix qu'ils étaient prêts à abandonner pour la sainteté n'était pas cette

« paix transcendantale qui surpasse l'entendement » (Phil. 4 :7) et qui vient de la foi et s'achève dans la vision béatifique, mais plutôt la « paix » de l'accoutumance à une léthargie tranquille qui engendre la timidité et la peur de « secouer le cocotier » qui a besoin d'être secoué, ou lorsque l'attachement à la vérité s'avère trop incommode à un moment donné ou menace le progrès de l'ascension.

Cette intrépidité s'est manifestée chez le cardinal Pell tout particulièrement au cours de ses derniers jours, alors qu'il s'efforçait de préserver la tradition apostolique dans un contexte culturel et ecclésial de plus en plus hostile à l'idée qu'il s'en faisait en tant qu'évêque, puis en tant qu'archevêque et, enfin, en tant que prince de l'Église.

À l'occasion du décès du cardinal Pell, le Saint-Père, le pape François, a déclaré qu'il se souvenait avec une « sincère gratitude » du « témoignage cohérent et engagé du cardinal Pell, de son dévouement à l'Évangile et à l'Église, et en particulier de sa coopération diligente avec le Saint-Siège dans sa récente réforme économique, dont il a jeté les bases avec détermination et sagesse. » Le pape a conclu : « C'est un grand homme et nous lui devons beaucoup. »

Notre ami était aux premières loges pour assister aux scandales graves, continus et croissants auxquels l'Église est confrontée à notre époque et qui ont causé beaucoup de tort à sa mission, à son message, à sa réputation et à ses finances. Il pouvait offrir ses lumières sur tout cela, de sorte qu'en 2014, le pape François a nommé le cardinal Pell comme premier préfet du Secrétariat pour l'économie du Vatican afin qu'il mette de l'ordre dans les finances de l'Église.

Nous pouvons à présent déplorer qu'il n'ait pas vécu assez longtemps pour voir l'achèvement de son travail sur la réforme financière de la Curie romaine. C'est un travail toujours d'actualité et plus nécessaire que jamais car le procès en cours au Vatican révèle jusqu'à quel point la corruption s'est infiltrée dans l'institution. Le procès découle lui-même de l'annulation de l'audit externe que le cardinal Pell avait initié.

Peut-être qu'un jour, toute la pourriture sera découverte, tous les coupables identifiés et qu'une purification pourra commencer. Mais ce jour n'est peut-être pas le nôtre.

De nombreuses nécrologies du cardinal Pell le décrivent comme un « fervent conservateur » dont la position sur les questions brûlantes de l'époque était soi-disant source de discorde.

« Fervent » est un adjectif intéressant, souvent employé pour évoquer la rigidité, quelque chose de l'ordre d'un attachement fossile à une chose parce qu'elle est ancienne.

J'y vois la description d'un homme de convictions, qui ne cède pas face aux modes et aux pressions du moment, qu'elles soient politiques, morales ou théologiques. Du fait de sa fonction de cardinal catholique, son rôle était précisément d'être « fervent », de transmettre la tradition héritée des apôtres avec soin, avec une ferme conviction - et c'est ce que le cardinal Pell a fait avec application et avec brio.

Après tout, la division qui découle d'une telle ferveur est initiée par ceux qui abandonnent la tradition qu'ils ont eux-mêmes juré de défendre, ou qui cherchent à la saper, à la diluer ou à la rejeter. Ce sont eux qui provoquent la division par leur infidélité. En ce sens, le cardinal Pell n'a fait qu'imiter les paroles de Jésus dans l'évangile de Luc (12 : 52), selon lesquelles il n'est pas venu pour apporter la paix, mais la division.

## Le Père absent du Synode

Il est certainement utile de rappeler qu'une autre période de grande division et de confusion a eu lieu dans l'Église et qui prenait sa racine dans une mauvaise compréhension de l'homme, particulièrement du Logos qui s'est fait homme. Je me réfère ici à la montée de l'une des grandes hérésies de l'Église chrétienne primitive, l'arianisme (la négation de la divinité du Christ). Saint Jérôme a contemplé la situation de son époque et a déploré par cette célèbre phrase que « le monde entier gémissait et s'étonnait de se retrouver arien. »

Une autre expression est apparue à la même époque, représentant la réponse à l'erreur arienne qui a failli défigurer le visage du christianisme pour toujours. Cette expression était « *Athanasius Contra Mundum — Athanase contre le monde* ». Car c'est bien Athanase qui répondit à cette époque avec le plus de force à l'hérésie arienne, d'une manière qui n'était guère polie, mais qui conduisit à sa défaite. (Je m'abstiens ici de citer la réponse du bon vieux Saint-Nicolas de Myre à Arius).

Aujourd'hui, l'Église est confrontée à une autre terrible hérésie, d'un genre différent, mais qui induit une confusion sur la nature même de la personne humaine et de la famille, de la liberté et de la responsabilité des hommes dans le monde des affaires et de la pratique religieuse. Tout cela est regroupé sous le vocable de « woke » - une expression qui trouve son origine dans une résistance légitime aux préjugés racistes, mais qui s'est maintenant transformée en un fourre-tout de revendications néo-marxistes comprenant une réinterprétation radicale des rôles des hommes et des femmes, des normes morales traditionnelles et des structures ecclésiales. Cela pousserait beaucoup de personnes à se souvenir des paroles d'Athanase et à dire que « le monde entier gémissait et s'étonnait de se retrouver woke. » La tentation de se soumettre à l'idéologie « woke » est aussi omniprésente aujourd'hui que l'était l'arianisme à l'époque d'Athanase.

Le cardinal Pell a posé sa dernière question en ayant cette tentation à l'esprit. La façon dont nous y répondrons en dira long sur notre capacité à faire face à la tentation qui sévit dans notre monde et dans notre Église.

On a souvent dit du Saint cardinal John Henry Newman qu'il était le « Père absent du Concile Vatican II » — sa vie et sa pensée ont beaucoup influencé les délibérations des Pères lors du Concile Vatican II.

Puissions-nous un jour appeler le cardinal Pell le « Père absent du Synode ». Puisse-t-on dire un jour : « *Pell contra mundum.* »

# Les temps sont disloqués

## Cardinal George Pell

« Le temps est disloqué ;
ô destin maudit
Pourquoi ne suis-je né pour le remettre en place ? »
*Hamlet*

Je suis né puis j'ai été éduqué à la vieille époque des années 1940 et 1950, lorsque La Niña opérait aussi et que le Ballarat de ma jeunesse était régulièrement froid et humide. Nous n'avions pas de chauffage central.

C'était un temps primitif avec Bob Menzies comme Premier ministre soutenu par les deuxièmes choix du Parti Travailliste Démocrate. Un gouvernement était en péril si le chômage dépassait les trois pourcent. Certains connaisseurs, comme Patrick White et Sydney Nolan, se sont enfuis à Londres, puis Dame Edna s'est échappée de Moonee Ponds, mais la plupart des Australiens ont profité de leur chance et ont refusé de reconnaître leur manque de sophistication ou de se sentir inférieurs, au grand désarroi de leurs supérieurs. Je suppose que c'était l'une des causes de l'exaspération antérieure de D.H. Lawrence avec l'Australie.

J'ai été formé à St. Pat's à Ballarat, dirigé par les Frères Chrétiens, à qui ma génération et les générations précédentes sont éternellement reconnaissantes — ou devraient l'être ! Les frères et les religieuses travaillaient pour de l'argent de poche car aucun financement public n'était disponible pour les écoles privées. Sans leurs sacrifices, de nombreux jeunes catholiques entre 1870 et 1970 n'auraient pas reçu une éducation catholique.

C'était un temps primitif. Les hommes n'épousaient que des femmes. Le mari et la femme restaient généralement ensemble, y compris pendant ces périodes où le bonheur conjugal s'évaporait. La plupart ne vivaient pas ensemble avant le mariage et beaucoup allaient régulièrement à l'église. Probablement plus de la moitié des catholiques assistaient à la messe dominicale. Pendant la Seconde Guerre mondiale, un groupe appelé les communistes dominait sur de nombreux syndicats australiens, nuisant considérablement à l'effort de guerre jusqu'à ce qu'Hitler envahisse son allié communiste, la Russie. Un groupe de patriotes australiens, dont de nombreux catholiques, ont expulsé les dirigeants syndicaux communistes. C'était une bonne chose.

C'était une époque primitive, car le multiculturalisme n'avait pas été inventé et les migrants grecs et italiens devaient s'intégrer. On s'attendait à ce que les « nègres » et les « ritals » connaissent leur place, mais même aux temps primitifs, il y avait des rebondissements, des imprévus. Le groupe le plus puissant de militants catholiques était dirigé par un homme de Melbourne, un Italo-Australien, et presque tous ses fantassins étaient des Australiens irlandais. Il fonctionnait bien, bien qu'un ou deux aient admis à voix basse qu'un nom comme « Santamaria » n'était pas idéal en toute circonstance.

St. Pat's n'était pas une école universitaire car peu de frères, nos uniques professeurs, avaient des diplômes universitaires. Notre école avait la réputation de produire des footballeurs et des prêtres australiens, en réalité plus de 300 depuis 1893, plus que toute autre école australienne. Lorsque j'ai été accueilli à mon retour en tant que nouvel évêque en 1987, le directeur a expliqué aux garçons dans la cathédrale que l'université était réputée pour avoir produit deux lauréats de la médaille Brownlow (le meilleur joueur et le joueur le plus juste de la Victoria Football League) et deux évêques. Ces réalisations ont été mentionnées dans cet ordre.

C'était une époque primitive. Une vaste cohorte de ma classe (nous avions quatre-vingt-dix garçons sous la responsabilité d'un enseignant en septième année) et moi avons étudié le latin et le français chaque année à partir de la septième année, et nous avons passé des examens publics écrits externes pendant les années dix à douze. Les résultats de ces épreuves étaient, bien sûr, une preuve irréfutable de réussite pour ceux qui fréquentaient des écoles secondaires et des écoles catholiques moins réputées.

Nous avons également étudié une pièce de Shakespeare chaque année à partir de la neuvième année, en commençant par *Jules César*, aux prises avec la langue ancienne, ne comprenant probablement pas beaucoup le drame et la variété de l'expérience humaine qui nous étaient présentés, mais étant régulièrement exposés aux plus grands écrits dans notre langue. Ma cohorte a également étudié Chaucer et Milton, Browning et les poètes romantiques, Emily Bronte, Hemingway et d'autres.

C'était une époque primitive. Nous n'avions pas de télévision jusqu'en 1956, l'année des Jeux Olympiques de Melbourne. Il n'y avait pas de drogue disponible pour les étudiants à Ballarat, mais beaucoup d'alcool ; pas de pornographie sur Internet, même si le magazine *Man* pouvait être acheté sous le manteau. Pas de téléphones portables, pas d'ordinateurs, pas d'internet.

Le Concile Vatican II n'avait pas eu lieu. Le Dr Daniel Mannix, d'origine irlandaise, un grand chef de tribu, était encore archevêque de Melbourne, avant de mourir, à l'âge de quatre-vingt-dix-neuf ans en 1963. Il a rassuré ses fidèles qu'il a encouragés à entrer dans la classe moyenne, un exemple probablement inégalé de mobilité sociale, et il n'a pas autant dérangé la majorité protestante dans ses dernières années que lors des grands débats de la Première Guerre mondiale sur la conscription. Les vocations au sacerdoce et à la vie religieuse étaient nombreuses (il y avait environ 200 séminaristes pour le sacerdoce diocésain de Victoria et de Tasmanie lorsque je suis entré au séminaire Corpus Christi en 1960), tandis que la communauté catholique était lucide, confiante et étroite d'esprit. Les taux de fréquentation des églises protestantes n'étaient pas aussi élevés que les nôtres (cela nous réconfortait), mais les écoles protestantes transmettaient toujours à leurs élèves un cadre moral chrétien pour la vie publique et, en fait, pour la vie de famille. C'est l'invention de la pilule contraceptive et la révolution sexuelle qui en a résulté dans les années 1960, propagée, par exemple, par la musique des Beatles et des Rolling Stones, qui a bouleversé cela.

En tant que vieil homme grincheux, entrant dans sa neuvième décennie de vie et émergeant de l'ancien cadre provincial que j'ai décrit, certains prétendraient qu'il n'est pas surprenant que je fasse écho aux paroles d'Hamlet, le prince du Danemark : « le temps est disloqué ».

À ce stade, pour renforcer mes références peu recommandables et expliquer les inconvénients de mon environnement passé, je ne peux m'empêcher de souligner que Kentucky Fried Chicken a ouvert son premier point de vente australien à Ballarat dans les années 1970, je pense, en partant du principe que s'ils pouvaient réussir à Ballarat, la ville la plus conservatrice d'Australie selon eux, ils pourraient vendre leurs poulets n'importe où dans le pays.

Mes origines, dans les anciennes brumes provinciales, suffisent-elles à écarter mes soupçons, avec Hamlet, que « quelque chose est pourri dans l'Etat » ? Suis-je aveuglé par la nostalgie sentimentale d'un passé plus simple et disparu ? Après tout, je suis né pendant la Seconde Guerre mondiale et maintenant nous n'avons plus de guerre mondiale, seulement la pure agression russe dans la lointaine Ukraine et la belligérance maladroite et inquiétante de la Chine alors qu'elle tente de rétablir l'Empire du Milieu en tant que première puissance mondiale. Une éventuelle base navale chinoise dans les îles Salomon est encore à une certaine distance.

Je ne pense pas que la vie australienne soit pourrie jusqu'à la moelle, mais les temps changent — et pas toujours pour le mieux. L'inévitable Commission royale du futur à Victoria pourrait trouver une situation analogue à celle du Queensland de Joh Bjelke-Petersen dans les années 1970 et 1980, et un trop grand nombre d'Australiens se contentaient de la réaction excessive des États-providence autoritaires pendant la crise COVID, lorsque les églises étaient fermées avant le casino (au moins à Victoria). Beaucoup de dirigeants catholiques étaient trop dociles.

Cependant, des centaines de milliers d'immigrants veulent venir en Australie chaque année (ils ne sont pas très nombreux à réclamer à migrer en Chine). Avant le COVID, l'Australie comptait quatre des dix meilleures villes au monde où il fait le mieux vivre. En revenant de Rome et en voyageant dans la banlieue de Sydney, je m'émerveille de la prospérité, des belles maisons, qui se suivent kilomètre après kilomètre. Selon l'indice de liberté économique

2020 de la Heritage Foundation, l'Australie a été classée premier pays. Campion est né et les deux universités catholiques offrent une sorte de rempart contre le pire.

Mais les temps changent et beaucoup sont inquiets, notamment des conservateurs sociaux, régulièrement assaillis par des militants *woke*, même dans le sport (comme nous l'avons vu avec la polémique à propos d'Israël Folau et avec le courage des Manly Seven). Certains dirigeants des grandes entreprises ont cédé ou adopté avec enthousiasme des mesures anti-chrétiennes. Corrs, le cabinet d'avocats, a récemment laissé tomber l'archidiocèse de Melbourne en tant que client, sans consultation et après avoir été engagé pendant plus de 60 ans. C'est sous un gouvernement libéral fédéral que les formulaires officiels ont remplacé les termes « mère » et « père » par « personnes biologiques ». J'avais parlé avec une kyrielle de dirigeants travaillistes de l'importance de maintenir une situation où les candidats pro-vie et pro-famille pourraient encore être soutenus (contrairement aux démocrates aux États-Unis), mais j'ai été surpris par l'exubérance de tant de militants woke des partis de la coalition. Je n'avais pas prévu un effondrement aussi rapide. La présence de Peter Dutton et Angus Taylor offre de l'espoir, à moins qu'ils ne soient largement en infériorité numérique. Cependant, je suis tenté de prétendre que le seul coup conservateur porté par le dernier gouvernement fédéral a été de réduire considérablement le nombre d'étudiants suivant des cours d'art néfastes — bien qu'ils aient protégé le programme de mathématiques contre le non-sens woke.

Le vote catholique est fracturé, mais un bon nombre pourrait être mobilisé pour défendre les écoles catholiques. Cependant, le regroupement significatif pour l'avenir est celui des chrétiens évangéliques dans toutes les églises chrétiennes, en particulier les catholiques. Beaucoup d'entre eux, mais pas tous, sont des migrants et il existe des regroupements importants dans certains endroits comme l'ouest de Sydney.

Dans ma jeunesse, je me souviens de l'archevêque Mannix expliquant que dans les démocraties, contrairement aux autocraties du passé, les chrétiens peuvent se défendre par leurs votes. Nos adversaires espèrent que les catholiques se tairont sur la place publique après la honte de la pédophilie. Un tel silence chrétien sur les questions morales actuelles serait un grave manquement au devoir, faisant succéder un échec massif à un autre, un abus de l'abus. Cependant, il ne suffit pas de parler, car les gens doivent écouter et je suppose que les forces anti-chrétiennes des deux camps politiques ne seront disciplinées que lorsqu'on leur montrera que les chrétiens ont des voix, qu'ils utiliseront parfois.

La population a déserté les campagnes, l'adhésion syndicale a chuté et les parlements sont dominés par une méritocratie diplômée de l'enseignement supérieur, de plus en plus laïque où les deux grands partis ne diffèrent pas trop, du moins sur des mesures non économiques. C'est dans ce cadre qu'a lieu le contrôle des conservateurs sociaux, illustré au Parlement de Nouvelle-Galles du Sud, où les principaux partis sont dirigés par deux hommes bons, catholiques croyants et pratiquants, ont produit la législation sur l'euthanasie la plus draconienne d'Australie.

Malgré tout cela, je ne suis pas un Tim Flannery ecclésiastique prédisant un effondrement religieux, un désastre complet aux alentours de la prochaine décennie. Je ne crois pas non plus beaucoup aux idées de Flannery sur le climat. Cette étrange conviction que nous pouvons changer les schémas climatiques de la Terre est une preuve que les temps sont disloqués. C'est une force destructrice d'un milliard de dollars, peut-être de millier de milliards de dollars, qui va probablement dans la mauvaise direction. Tim semble avoir été un peu découragé en 2004. L'Australie était pour lui particulièrement vulnérable. « Nous allons vivre des conditions inédites depuis 40 millions d'années », et il pensait également « qu'il y a de fortes chances que Perth soit la première métropole fantôme du 21e siècle ». En 2006, la menace de la montée du niveau de la mer a rejoint les dangers de la sécheresse. Dans un article intitulé « La dernière chance du climat », Tim nous a exhortés à « imaginer un immeuble de huit étages près de la plage, puis à imaginer des vagues clapotant sur son toit ».

L'année suivante, 2007, a été une année mitigée parce que, alors qu'il estimait que l'Australie était dans une « sécheresse d'une année sur mille » et que Brisbane et Adélaïde pourraient manquer d'eau d'ici la fin de l'année, il était optimiste quant à l'énergie incorporée dans les roches chaudes de l'Australie-Méridionale. Le gouvernement travailliste Rudd a investi 90 millions de dollars de l'argent des contribuables dans ce projet géothermique du bassin Cooper. Surprise ! Surprise ! Le projet a échoué, a été abandonné et l'argent a été perdu - une somme moindre, cependant, par rapport à celle que le Vatican a perdu sur l'achat de Sloane Avenue, à Londres (c'était 150 millions d'euros).

Quelque chose ne va pas — sonne faux — quand un homme avec les opinions de Flannery peut être publié, et publié régulièrement, dans des revues réputées. Nous avons atteint *Alice au pays des merveilles* lorsque Tim a été déclaré Australien de l'année en 2007.

Dans le vide postchrétien qui développe l'admiration pour la liberté, la cheville ouvrière du projet libéral, dont la société et l'Église ont tiré des bénéfices substantiels, subit également un assaut soutenu. Le mouvement renommé du changement climatique contre le dioxyde de carbone (qui non seulement améliore la croissance de la végétation, mais lui est essentiel), présente de nombreuses caractéristiques d'une pseudo-religion de bas niveau, peu exigeante. Lorsque la croyance religieuse est perdue ou déconstruite, les survivants aiment avoir recours à de grandes formulations et semblent avoir besoin de quelque chose à craindre. Presque inconsciemment, ils cherchent à apaiser les pouvoirs supérieurs (de la nature dans ce cas) avec l'offre sacrificielle de combustibles fossiles, de charbon et de pétrole. Malheureusement pour eux, les économies modernes continueront d'avoir besoin de charbon et de pétrole. Les majorités démocrates en Australie et d'un bout à l'autre du premier monde ne consentiront pas aux pannes électriques régulières, aux pannes de courant au plus fort de l'été ou de l'hiver. Bien sûr, nos ennemis et alliés du tiers monde ont besoin de charbon et de pétrole pour leurs programmes industriels et de modernisation, tout comme nous l'avons fait par le passé et continuons à le faire. Ils sont sensés et lucides sur ce point et seraient déconcertés par les signaux de vertu occidentaux. En 2021, 1 893 nouvelles centrales électriques au charbon étaient en construction dans le monde, 446 en Inde, 1 171 en Chine et aucune dans la vertueuse Australie, qui s'abstient également de développer des centrales nucléaires. L'Australie possède des ressources de charbon et d'uranium, apparemment suffisantes pour des milliers d'années, et je suis sûr qu'elles seront développées et exploitées au profit de nos descendants pendant de nombreuses générations lorsque nos enthousiasmes aberrants se seront évanouis.

Il n'y a pas de position catholique obligatoire sur le changement climatique, car nous sommes une religion, enseignant la foi et la morale, et n'imposons aucune camisole de force scientifique. Chaque personne a le droit d'être stupide, si elle pense que c'est sage (ceci est également vrai de moi-même). Le défi climatique n'est pas une de mes préoccupations majeures, même si j'aime introduire quelques faits dans l'hystérie : aucun programme informatique n'a prédit avec précision les conditions météorologiques futures ; et quelques faits historiques sur les périodes de réchauffement autour de l'époque de la naissance du Christ et le réchauffement médiéval de 900 à 1300, lorsque l'Australie a souffert de terribles sécheresses. Le pire a duré trente-neuf ans entre 1174 et 1212 après J-C et une méga-sécheresse ultérieure a duré vingt-trois ans entre 1500 et 1522.

Mes préoccupations majeures sont ailleurs : avec l'Église catholique et avec la montée d'une Chine belligérante.

Le recensement de 2021 en Australie a montré une augmentation spectaculaire du nombre de ceux qui ont déclaré n'adhérer à aucune religion, qui s'élève désormais à 38,9 pour cent ; une baisse tout aussi spectaculaire du nombre des Églises unitaires et anglicanes, avec des pertes de vingt-deux pour cent et vingt pour cent respectivement et la baisse substantielle et sans précédent de quatre pour cent des membres de l'Église catholique en cinq ans. Tout ce déclin fait suite à d'importantes pertes chrétiennes au cours des cinq années précédentes.

Un point à considérer est que le déclin catholique était bien inférieur aux pourcentages protestants, bien que les catholiques aient subi le poids de l'hostilité des médias et des activités de la Commission royale sur la pédophilie institutionnelle.

Tous ceux qui aiment le Christ et l'Église sont consternés par ces pertes, mais divergent, parfois avec acrimonie, sur la façon dont il faut y faire face. Nous avons une division claire entre ceux qui croient que nous sommes les serviteurs et les défenseurs de la Tradition apostolique, sans pouvoir de changer substantiellement les doctrines qui nous viennent du Christ et des apôtres à travers l'Écriture et le magistère catholique. En face d'eux se trouve une cohorte plus âgée, généralement un peu plus jeune que moi, qui donne le dernier mot à la modernité, qui croit que nous sommes maîtres de la Tradition apostolique et que l'on peut la modifier pour bénir les unions homosexuelles et créer des femmes prêtres. Certains rejettent également les enseignements chrétiens de base sur la sexualité.

Le récent Conseil plénier est passé et était en grande partie sans rapport avec la prédication de l'évangile et la menace de déclin, étant plus préoccupé par la redistribution du pouvoir.

La meilleure théologienne d'Australie, une femme qui se trouve être orthodoxe (une position maintenant considérée comme conservatrice) n'a pas été invitée à être déléguée. Le principal universitaire catholique du pays et un intellectuel public exceptionnel (il était vice-chancelier de l'Université Catholique Australienne) s'est vu interdire d'écrire des documents du Conseil. Il n'y avait pas de jeunes prêtres, qui sont en réalité l'un des espoirs pour l'avenir avec leur zèle, leur discernement théologique et leur force de frappe intellectuelle et, bien sûr, peu de paroissiens ethniques de l'Église latine.

Les membres du Conseil ont demandé que le sacerdoce, la famille et l'éducation soient débattus ; en vain et naturellement il n'y a pas eu de grincement sur les menaces imminentes contre les libertés religieuses dans nos écoles, hôpitaux et maisons de retraite. Un bon pourcentage des stimulateurs cardiaques du Conseil étaient égocentriques, non intéressés par l'expansion missionnaire, isolés du monde réel, de l'affrontement entre le bien et le mal, la foi et les ténèbres. On peut voir comment l'Église s'est désintégrée en Belgique, en Hollande et au Québec. Jésus a obtenu quelques mentions, plus que Jésus-Christ, et la foi a été à peine mentionnée, encore moins l'évangélisation ou l'enfant à naître.

Le Conseil semblait ignorer les causes de la révolution des mœurs et de la morale qui s'est également développée en Australie, illustrée par l'incivilité brutale et les jeux de pouvoir des médias sociaux, et la propagation de la pornographie dans toutes les couches de la société, hommes et femmes. La politique de puissance tribale de l'avancée de la culture de l'annulation menace de renverser les fondements du libéralisme qui a permis aux Églises de survivre en Australie alors même que les fondements juridiques judéo-chrétiens sur la vie, le mariage, la famille et la sexualité ont été ébranlés.

Dans la nouvelle politique de genre et de race, les hommes blancs, et en particulier les hommes blancs âgés, représentent le pire du passé, du racisme, du colonialisme, du sexisme et du patriarcat détestés. Pour citer *The Australian* de Paul Kelly (que j'ai trouvé régulièrement utile pour essayer de comprendre ce qui se passe dans notre société au sens large en raison du déclin du christianisme), ces forces s'opposent farouchement non seulement à la civilisation chrétienne, mais aux fondements de notre consensus occidental traditionnel « que tous les peuples, quels que soient leur race, religion, sexe ou genre sont égaux devant la loi et partagent une dignité commune ».

Les questions en litige pourraient difficilement être plus fondamentales. La raison, la liberté, la vérité, risquent le bannissement, tandis que les notions de loi divine, loi naturelle immuable, ont un son obsolète et désuet, et sont vues comme les expressions d'une mythologie ratée.

Certains auteurs comme Larry Siedentop dans *Inventer l'individu : Les origines du libéralisme occidental*, reconnaissent les dettes du libéralisme envers le christianisme. La plupart ne le font pas. Je soupçonne que les liens soient encore plus profonds et toute société occidentale qui se fonde sur le principe de l'égalité de tous devant la loi et attribue une dignité commune à chacun, citoyen ou étranger, productif ou dépendant, jeune et en bonne santé ou vieux et dépendant — une telle société ne peut perdurer que si elle est soutenue par les idéaux chrétiens d'amour universel, souvent exprimés sous forme de droits de l'homme, dérivés d'un Dieu créateur.

Il n'est pas nécessaire d'être chrétien pour cela car un instinct ou une sympathie postchrétienne peut suffire, mais cela aussi est en déclin, sauvagement rejeté dans nos universités. Les forces brutales de l'évolution, la loi de la jungle, les inégalités économiques et intellectuelles entre les humains, les différences entre les forts et les faibles, les malades et les bien-portants, vont à l'encontre de toute revendication de dignité humaine universelle. Déjà une section importante approuve explicitement le tribalisme, la vengeance, le pouvoir brut et la domination plutôt que tout mouvement vers le consensus. Dans une Australie postchrétienne hostile, soutenir l'idéal du libéralisme pourrait être aussi difficile que d'implanter la démocratie en Irak ou en Afghanistan.

Je ne crois pas que la bataille soit finie, que le terrain soit perdu. Récemment, une personnalité publique de haut rang m'a dit que la seule option désormais pour les chrétiens d'Australie était de se diriger vers les catacombes et que la pourriture ne pouvait être arrêtée que par quelques martyres. J'espère et je crois qu'il s'agit d'une lecture erronée de la situation — excessivement pessimiste. Mais la situation est en train de changer et de puissantes marées vont à l'encontre de nombreux enseignements chrétiens, mais pas de tous. La plupart des Australiens croient encore que « tout le monde a le droit à l'égalité des chances ». Tout aussi certainement si la situation ne doit pas s'aggraver, non seulement les chrétiens, mais tous ceux qui apprécient notre mode de vie occidental doivent « essayer », qui est le deuxième fondement du consensus australien, le bon sens de nos ancêtres qui nous a donné notre décence et notre prospérité.

Avant de commencer à saluer ce que fait Campion et d'essayer de le relier aux changements sociétaux que je décris, nous devons porter brièvement notre attention sur un danger récemment perçu, qui change la donne à tous égards : la belligérance et l'hostilité envers l'Australie de la Chine en pleine ascension, riche et puissante.

La guerre est une possibilité réelle dans la prochaine décennie, plus probablement à propos de Taiwan, mais pas nécessairement. Le récent livre de Jim Molan, *Danger on our Doorstep*, même pris avec une pincée de sel, met en garde contre un deuxième Pearl Harbor et offre peu de réconfort. Je vous recommande fortement de le lire.

L'une des rares tâches extrêmement importantes du gouvernement albanais est d'augmenter notre capacité à nous défendre, à infliger des dommages à tout agresseur à court terme et à pouvoir le faire pendant les vingt ou quarante prochaines années. Nous espérons et travaillons pour la paix, mais si le pire devait arriver, ou même de gros troubles se produisaient, largement combattus au Nord, les hauts niveaux de rhétorique actuels ne seraient alors absolument d'aucune utilité. Il faut des actes, pas des mots.

La Chine nous considère comme un maillon faible de l'alliance américaine, à cause de notre dépendance commerciale avec eux et à cause de notre faiblesse militaire. Un vide de pouvoir et une société non protégée et frivole sont des tentations pour les dictateurs, surtout s'ils veulent distraire leurs citoyens des problèmes locaux tels que la pauvreté et l'inégalité, l'oppression et le mécontentement, trente-cinq ou quarante millions d'hommes en surplus et la perspective de plus de deux-cents millions de personnes en moins dans la main-d'œuvre en 2050.

La Chine recentrera le dialogue national australien, mais la situation évolue, et je ne parle pas seulement d'une augmentation des taxes pour les dépenses de défense ou de l'introduction du service national. L'Australie pourrait être forcée de décider si nous aimons suffisamment notre nation pour être prêts à la défendre ; si nous croyons suffisamment à la liberté et à la démocratie pour résister à un dictateur puissant. Presque inévitablement, l'Australie sera forcée de puiser dans les forces de sa civilisation occidentale dans les siècles de dialogue ou de lutte, qui accompagneront la renaissance de l'Empire du Milieu, une civilisation autrefois puissante, aussi ancienne que la Grèce et plus ancienne que l'Empire romain ; mais très différente de notre mode de vie, et actuellement très oppressante envers ses citoyens.

Un autre facteur important est que le christianisme, principalement le protestantisme, se répand en Chine comme il s'est répandu dans l'empire romain païen hostile. Déjà, la Chine compte probablement soixante à quatre-vingt-dix millions de chrétiens et est l'un des plus grands pays chrétiens du monde.

Il est raisonnable de penser que les Australiens du futur, au moins à certaines occasions, auront plus pour les intéresser que les matchs du State of Origin et la Melbourne Cup. Mais quoi qu'il en soit, l'Australie aura besoin de patriotes lucides et compétents.

### Où et comment Campion s'intègre-t-elle ?

Campion College est une très petite communauté d'étudiants et d'enseignants et, à certains égards, doit être petite pour améliorer la question et la réponse, l'objection et la réaction, le dialogue, qui est au cœur de tout véritable enseignement supérieur, en particulier dans les sciences humaines.

Campion n'est pas une formation pratique, car son cours principal de licence ne prévoit pas de préparation ou de qualification professionnelle. Campion College n'est pas contemporaine, car elle est en avance sur son temps, bien qu'elle soit un brillant exemple de politiquement incorrect. Elle est dédiée à l'étude de la civilisation occidentale, cette magnifique floraison issue de la fusion des anciennes traditions de Jérusalem, d'Athènes et de Rome qui a produit la chrétienté constantinienne qui a duré jusqu'à la Réforme, la Réforme elle-même, la Renaissance, les Lumières et la Révolution scientifique. De nouvelles nations ont été créées par les Européens ; les Espagnols et les Portugais, puis les Français et les Anglais, en Amérique, en Australie et en Nouvelle-Zélande, et la domination coloniale a été établie en Afrique et dans certaines parties de l'Asie. Cela a eu un prix, parfois un coût moral énorme. Mais il y avait aussi des gains dans l'éducation, la santé, le droit, les transports, la propagation de la démocratie, pour contrebalancer le côté obscur de la Révolution française, le nazisme, le communisme et le colonialisme. Le siècle d'humiliation subi par les Chinois s'y fait profondément sentir et alimente leur affirmation, mais Hong

Kong jusqu'à sa récente prise de pouvoir, avec Singapour sont des réalisations humaines remarquables.

Campion étudie l'histoire à travers des lunettes chrétiennes, évaluant le vrai et le faux, le bien et le mal, rejette toute notion de blanchiment et travaille à diminuer les préjugés. Mais on y inculque l'amour et la fierté de notre tradition, tout comme nous aimons nos familles tout en reconnaissant leurs échecs. Le programme d'arts libéraux vise à transmettre aux étudiants « une compréhension intégrée des événements, des idées, des mouvements, des personnalités et des œuvres qui ont façonné le développement de la culture occidentale, dans les quatre disciplines clés d'histoire, de littérature, de philosophie et de théologie. Des sections optionnelles sont également proposées en sciences, mathématiques, latin et grec ancien. »

En d'autres termes, les étudiants sont initiés à la sagesse des âges à travers notre tradition, la tradition occidentale. Ils apprennent les vertus centrales, la foi et la raison, la recherche des sens. Ils apprennent à analyser et à synthétiser, à dire ce qu'ils veulent dire et à penser ce qu'ils disent, à écrire et à penser de façon logique et claire et à avoir une sagesse pratique, quelque chose qui vaut la peine d'être dit sur les problèmes humains fondamentaux au-delà de la profession qu'ils pourraient choisir de suivre.

C'est une base personnelle idéale pour toute carrière professionnelle et pour ce rôle inavouable, vital pour la société, d'épouse et de mère, l'éducation des enfants. Cela peut même aider le mâle méprisé de notre espèce à être de bons pères — et maris. Parce que cette éducation est bonne pour les individus, il s'ensuit qu'elle est bonne pour la société. Une grande partie de ce que Campion College s'efforce maintenant de faire a été faite il y a 100 ou même 50 ans pour l'élite et les combattants par la famille, l'école, l'église, l'université et même une grande partie des médias. Ce n'est plus le cas.

On peut décrire ce dont la société a besoin de diverses manières comme la tradition, le rituel et le culte ; des gens confiants et modestes ; non craintifs et donc non tentés par l'autoritarisme. On pourrait dire que la société a besoin de la foi religieuse, du respect de l'ordre et de la hiérarchie, du patriotisme, d'une conscience du péché originel, de la faiblesse qui traverse chaque cœur et chaque communauté humaine, et d'une égale conscience que la capacité humaine d'amélioration est limitée. Les progrès sont difficiles, car le succès n'est pas garanti par de bonnes intentions.

Toute société, pour éviter de revenir en arrière, a besoin de conservateurs sociaux de tous horizons pour transmettre aux jeunes ce qui vaut la peine du passé. Notre société souffre déjà d'un chaos domestique qui se propage lentement, de familles meurtries, d'enfants fragiles, d'alcool, de drogue, de porno. Les enfants ont besoin d'adultes qui apporteront la stabilité, établiront des limites pour que l'amour et le respect puissent s'épanouir et où les concepts de devoir, d'honneur et de compassion soient illustrés.

Il faut montrer aux jeunes qu'il existe des vérités morales, du bien et du mal, que nous n'inventons pas, tout comme il existe des vérités en mathématiques, en physique, en écologie et en santé publique. La société doit comprendre que derrière l'évolution se trouve le Dieu Créateur, qui est non seulement rationnel, incroyablement intelligent, mais bon, gentil et intéressé par ce que nous sommes. Notre société doit se rappeler que nous croyons en la liberté d'expression, parce que nous croyons en la vérité ; que les choses peuvent être connues telles qu'elles sont, même imparfaitement. S'il n'y a pas de vérité, il n'y a pas de point final dans le débat ou la discussion. La tribu la plus puissante décide simplement et impose sa solution par la force. La connaissance du jugement dernier de Dieu, que chacun sera obligé de répondre pour l'œuvre de sa vie, qu'il y a un ciel et un enfer. Tout cela stabilise la société et c'est une consolation pour les victimes de l'histoire de savoir que la balance de la justice s'équilibrera dans l'éternité.

La Campion College pas seule dans cette lutte, qui est menée par de nombreux agents, des millions même en Australie ; la plupart d'entre eux travaillent tranquillement, sans être vus. La contribution de l'Institut Ramsay est particulièrement précieuse et toutes les forces de la justice devraient s'efforcer de coopérer, quels que soient les problèmes du passé.

Les guerres culturelles continuent, et bien que nos pertes soient considérables, le terrain n'a pas été perdu. Les nombreuses victimes du chaos seront de plus en plus ouvertes à notre message et reconnaissantes de votre aide. Campion a rejoint la mêlée et contribue régulièrement. C'est une perle dans le désert. Je félicite les fondateurs du College pour leur vision et leur persévérance, tout comme je salue le travail du Dr Paul Morrissey, de son personnel et de ses étudiants. Ils méritent tous notre soutien, et je suis sûr que vous, la famille Campion, continuerez à le leur apporter.

# L'Église catholique doit se libérer de ce « cauchemar toxique »

*Cardinal George Pell*

Le Synode catholique des évêques est actuellement occupé à construire ce qu'ils considèrent comme « le rêve de Dieu » de la synodalité. Malheureusement, ce rêve divin s'est transformé en un cauchemar toxique malgré les bonnes intentions professées des évêques.

Ils ont conçu un livret de 45 pages qui présente le rapport des échanges de la première phase « écoute et discernement » qui s'est tenue dans plusieurs régions du monde, et il s'agit de l'un des documents les plus incohérents jamais parvenu de Rome.

Alors que nous rendons grâce à Dieu pour l'augmentation du nombre de Catholiques partout dans le monde, en particulier en Afrique et en Asie, l'état des lieux est radicalement différent en Amérique Latine avec des pertes en faveur de Protestants et des laïcs.

Sans aucune ironie, le document s'intitule « Élargis l'espace de Ta Tente », et son but est d'accueillir, non pas les nouveaux baptisés — ceux qui ont répondu à l'appel à se repentir et à croire — mais toute personne suffisamment intéressée pour écouter. Les participants sont incités à être accueillants et totalement ouverts : « Personne n'est exclu ».

Le document n'exhorte même pas les participants catholiques à faire de toutes les nations des disciples (Mathieu 28 :16-20), encore moins de prêcher le Sauveur, d'insister en toute occasion (2 Timothée 4:2).

La première tâche de chacun, et en particulier des enseignants, est d'être à l'écoute de l'Esprit. Selon cette récente mise à jour de la bonne nouvelle, la « synodalité » comme manière d'être pour l'Église n'est pas à définir mais simplement à vivre. Elle s'articule autour de cinq tensions créatives, en partant de l'inclusion radicale vers la mission dans un style participatif, en pratiquant la

« coresponsabilité avec d'autres croyants et avec les personnes de bonne volonté ». Des difficultés sont reconnues, comme la guerre, le génocide et le fossé entre clergé et laïcs, mais toutes peuvent être soutenues, disent les évêques, par une spiritualité vivante.

L'image de l'Église comme une tente en expansion avec le Seigneur en son centre vient d'Isaïe, et le but est de souligner que cette tente en expansion est un endroit où les gens sont entendus et non jugés, non exclus.

Nous lisons donc que le peuple de Dieu a besoin de nouvelles stratégies ; non pas de querelles et d'affrontements mais un dialogue, où la distinction entre croyants et non-croyants est rejetée. Le peuple de Dieu doit réellement écouter, insiste-t-il, le cri du pauvre et de la terre.

En raison des divergences d'opinion sur l'avortement, la contraception, l'ordination des femmes à la prêtrise et l'homosexualité, certains estiment qu'aucune position définitive ne peut être établie ou proposée sur ces questions. Il en va de même pour la polygamie, le divorce et le remariage.

Cependant, le document est clair sur le problème particulier de la position inférieure des femmes et les dangers du cléricalisme, bien que la contribution positive de nombreux prêtres soit reconnue.

Que penser de ce pot-pourri, de cette effusion de bonne volonté du Nouvel Âge ? Ce n'est ni un résumé de la foi catholique, ni de l'enseignement du Nouveau Testament. Il est incomplet, hostile de manière significative à la tradition apostolique et ne reconnaît nulle part le Nouveau Testament comme la Parole de Dieu, normative pour tout enseignement sur la foi et la morale. L'Ancien Testament est ignoré, le patriarcat rejeté, et la loi mosaïque, y compris les dix commandements, n'est pas reconnue.

Deux points peuvent être soulignés dans un premier temps. Les deux synodes finaux à Rome en 2023 et 2024 devront clarifier leur enseignement sur les questions morales, étant donné que le Rapporteur (rédacteur en chef et directeur), le cardinal Jean-Claude Hollerich, a publiquement rejeté les enseignements fondamentaux de l'Église sur la sexualité, au motif qu'ils contredisent la science moderne. En temps normal, cela aurait signifié que son maintien à ce poste de Rapporteur était inapproprié, voire impossible.

Les synodes doivent choisir s'ils sont les serviteurs et les défenseurs de la tradition apostolique sur la foi et la morale, ou si leur discernement les oblige à affirmer leur souveraineté sur l'enseignement catholique. Ils doivent décider si les enseignements fondamentaux sur des choses comme le sacerdoce et la moralité peuvent être parqués dans des limbes pluralistes où certains choisissent de redéfinir les péchés à la baisse et où la plupart acceptent de différer respectueusement.

En dehors du synode, la discipline se relâche — en particulier en Europe du Nord, où plusieurs évêques n'ont pas été réprimandés, même après avoir affirmé le droit d'un évêque à la dissidence ; un pluralisme de facto existe déjà plus largement dans certaines paroisses et ordres religieux sur des choses comme la bénédiction de l'homosexualité.

Les évêques diocésains sont les successeurs des apôtres, le principal enseignant dans chaque diocèse et le centre de l'unité locale pour leur peuple et de l'unité universelle autour du pape, le successeur de Pierre. Depuis l'époque de St Irénée de Lyon, l'évêque est aussi le garant de la fidélité continue à l'enseignement du Christ, la tradition apostolique. Ce sont des gouverneurs et parfois des juges, ainsi que des enseignants et des célébrants de sacrements.

« Élargir la tente » est conscient des manquements des évêques, qui parfois n'écoutent pas, ont des tendances autocratiques et peuvent être cléricalistes et individualistes. Il y a des signes d'espoir, de leadership efficace et de coopération, mais le document estime que les modèles pyramidaux d'autorité doivent être détruits et que la seule autorité véritable provient de l'amour et du service. La dignité baptismale doit être soulignée, et non l'ordination ministérielle et les styles de gouvernance devraient être moins hiérarchiques et plus circulaires et participatifs.

Les principaux acteurs de tous les synodes (et conciles) catholiques et de tous les synodes orthodoxes ont été les évêques. D'une manière douce et coopérative, cela devrait être affirmé et mis en pratique dans les synodes continentaux afin que les initiatives pastorales restent dans les limites de la saine doctrine. Les évêques ne sont pas là simplement pour valider la procédure régulière et offrir un nihil obstat à ce qu'ils ont observé.

Aucun des participants au synode, qu'il s'agisse de laïcs, de religieux, de prêtres ou d'évêques, n'est bien servi par la décision du synode selon laquelle le vote n'est pas autorisé et des propositions ne peuvent être faites. Transmettre uniquement l'avis du comité d'organisation au Saint-Père pour qu'il fasse ce qu'il décide est un abus de la synodalité, une mise à l'écart des évêques, qui n'est justifié ni par l'Écriture ni par la tradition. Il ne s'agit pas d'une procédure régulière et elle est susceptible d'être manipulée.

Les catholiques pratiquant régulièrement le culte, partout dans le monde, n'approuvent pas les conclusions du synode actuel. Il n'y a pas non plus beaucoup d'enthousiasme aux niveaux supérieurs de l'Église. Des réunions continues de ce genre approfondissent les divisions et quelques personnes bien informées peuvent exploiter la confusion et la bonne volonté. Les anciens anglicans parmi nous ont raison d'identifier la confusion croissante, l'attaque contre la morale traditionnelle et l'insertion dans le dialogue d'un jargon néo-marxiste sur l'exclusion, l'aliénation, l'identité, la marginalisation, les sans-voix, les LGBTQ ainsi que le dévoiement des notions chrétiennes de pardon, de péché, de sacrifice, de guérison, de rédemption. Pourquoi le silence sur la vie après la mort, la récompense ou le châtiment, sur les quatre dernières choses : la mort et le jugement, le paradis et l'enfer ?

Jusqu'à présent, la voie synodale a négligé, voire dévalorisé le Transcendant, dissimulé la centralité du Christ par des appels à l'Esprit Saint et encouragé le ressentiment, en particulier parmi les participants.

Les documents de travail ne font pas partie du magistère. Ils constituent une base de discussion; ils doivent être jugés par l'ensemble du peuple de Dieu et particulièrement par les évêques avec et sous l'autorité du pape. Ce document de travail a besoin de changements radicaux. Les évêques doivent se rendre compte qu'il y a du travail à faire, au nom de Dieu, le plus tôt possible.

**Cet article est utilisé avec la permission de *The Spectator* où il a été initialement publié le 11 janvier 2023.**

# Comment être « ennuyeusement efficace » au Vatican

*Danny Casey*

## Introduction

Bien avant la création du Secrétariat pour l'économie, le cardinal George Pell avait déjà perçu la nécessité des réformes financières au sein de l'Église.

Les procès en cours devant les tribunaux du Vatican ont mis en lumière des allégations spectaculaires de détournement de fonds du Vatican. Les abus de pouvoir accompagnés d'un mépris de l'État de droit, à travers notamment la surveillance électronique de personnes qui ne faisaient que leur travail, n'ont eu d'égal que les aveux de plusieurs témoins appelés à témoigner. Nous avons lu les rapports sur l'annulation de l'audit externe en raison de préoccupations concernant le processus de vérification en cours et la révocation de l'auditeur général indépendant, qui fait elle-même l'objet d'une procédure.

De nombreux fidèles se demandent comment tout cela a pu se produire. Comment des personnes occupant des postes d'autorité ont-elles pu agir de la sorte ? Pourquoi certains au Vatican sont-ils si gênés par la transparence et les contrôles indépendants ? Enfin, que peut-on faire pour s'assurer que de tels agissements ne se reproduisent plus à l'avenir ?

Vingt ans avant cette honteuse démonstration d'inefficacité, d'incompétence et d'illégalité, le cardinal Pell, à l'autre bout du monde, avait prédit qu'en l'absence de réforme, le prochain scandale auquel l'Église serait confrontée porterait presque indubitablement sur la mauvaise gestion financière. Ses prédictions et ses craintes allaient malheureusement se réaliser.

Ces quelques lignes présentent le contexte du travail du cardinal Pell en matière de gestion et de contrôle financiers en Australie et au Vatican, ainsi que quelques indications pour l'avenir.

**Le contexte historique Il contesto storico**

C'est en 2003 que le cardinal, peu de temps après son installation en tant qu'archevêque de Sydney, a nommé un nouveau directeur commercial et un administrateur financier pour le diocèse. C'était la première fois qu'un laïc occupait un poste diocésain aussi important à Sydney. Le cardinal a perçu la nécessité d'améliorer la façon dont les affaires et les finances étaient gérées et a fait preuve de sérieux et de professionnalisme.

Bien qu'il n'y ait rien eu de répréhensible dans la manière dont les choses étaient administrées à Sydney, il était évident qu'il restait des marges de progrès. Comme de nombreux corps ecclésiastiques à l'époque, et certainement comme le Vatican, l'archidiocèse manquait de compétence et d'expérience. Le monde de l'administration financière et de la gestion des investissements s'était développé à un rythme bien plus rapide que les capacités internes. Le fossé devait être comblé.

Le cardinal Pell a clairement fait comprendre aux administrateurs des fonds de l'Église et à tous ceux qui exerçaient des activités au nom de l'Église qu'ils devaient respecter les normes les plus strictes en matière de probité et de professionnalisme. Compte tenu de notre mission et de nos devoirs de bons intendants, le cardinal Pell a fixé comme standard de référence pour l'administration de l'Église d'être « au moins aussi bonne que les meilleures. »

Les dirigeants de l'Église gèrent des biens qui ne sont pas les leurs. La manière dont ils administrent et conduisent ces affaires a un impact direct sur la capacité de l'Église à mener à bien sa mission. Les personnes chargées d'administrer les affaires financières ont l'obligation d'effectuer leur travail selon les normes les plus strictes possibles - en raison de la personne pour laquelle elles travaillent et qu'elles représentent. Les administrateurs doivent adopter les normes internationales, se soumettre aux meilleures pratiques et non s'en affranchir. Elles ne doivent pas chercher d'excuses ou trouver des moyens de se soustraire à la transparence ou encore d'éviter les mises en conformité.

Le cardinal Pell disait souvent que le fait que nous soyons

une Église n'est pas une excuse pour justifier une mauvaise administration. Pourquoi serait-il acceptable de bâcler les tâches administratives ou de mettre sous le tapis des documents comptables ? En quoi serait-il approprié de « se faciliter la vie », de négocier avec naïveté ou de mettre de l'argent sur la table pour faciliter des négociations ; de l'argent qui pourrait pourtant répondre aux besoins de l'Église, aider les pauvres, contribuer à la mise en œuvre de programmes susceptibles de conduire les gens à Dieu et au salut éternel ?

Des pratiques simples, telles qu'une vérification par un tiers de chaque transaction importante, la garantie que toutes les transactions soient enregistrées, ou encore le recours à des auditeurs externes ; ces pratiques simples sont la norme dans les organisations laïques et ne sont absolument pas controversées. Elles sont courantes dans de nombreuses églises et doivent devenir la norme dans toute l'Église.

Le cardinal a réalisé des progrès significatifs à Sydney. En travaillant avec vigueur sur les bases des actifs, il a substantiellement augmenté les actifs nets, étendu le travail de la Mission, établi de nouvelles agences, de nouveaux bureaux et accueilli les Journées mondiales de la jeunesse

## La route vers Rome

Son travail n'est pas passé inaperçu et le cardinal fut invité à siéger au « Secrétariat pour l'économie » du Vatican.

En matière d'administration de l'Église, on aurait pu s'attendre à ce que le Vatican montrât la voie. Peut-être même devrait-il être un citoyen modèle pour le monde entier, un phare de lumière et de transparence, un souverain reconnu et admiré pour sa rigueur et son professionnalisme tandis qu'il s'attèle à la mission qui lui a été confiée.

L'écart entre l'espoir et la réalité à laquelle le cardinal Pell a été confronté au Vatican n'aurait pas pu être plus grand.

Le cardinal a découvert des pratiques qui ne reposaient sur aucune norme internationale et qui étaient loin d'être de bonnes pratiques. Il a constaté une quantité ahurissante de procédures opaques, mêlées de pratiques qui, dans de nombreux cas, ne se conformaient pas même aux normes et réglementations canoniques et encore moins civiles.

Le cardinal a demandé, à juste titre, pourquoi les organes du Vatican devraient être dispensés de respecter les normes canoniques en matière d'administration ; des normes que les administrateurs de l'Église dans le monde entier respectent scrupuleusement. Des questions similaires ont été soulevées concernant les pratiques consistant à ignorer ou à minimiser les obligations civiles, y compris le respect de traités spécifiques et d'accords internationaux signés par divers papes au fil des ans.

Il était clair qu'un changement, et un changement de taille, était nécessaire pour atteindre les objectifs de réformes économiques et assainir les finances.

### Le pape François demande une remise à plat

Peu après son élection en 2013, le pape François a demandé une révision des structures économiques et administratives et a chargé le cardinal Pell de s'en occuper.

Début 2014, le Saint-Père a annoncé l'établissement de nouvelles structures — le Conseil pour l'économie, le Secrétariat pour l'économie et un nouveau bureau de l'auditeur général. Le Saint-Père a nommé le cardinal Pell comme préfet et a fixé les objectifs suivants pour les réformes et les nouvelles structures :

1. Fournir au Saint-Siège, à la Cité du Vatican et à tous les organes affiliés, des politiques, des pratiques et des rapports de gestion financière cohérents et rigoureux.

2. Faciliter la prise de décision au niveau local et fournir un cadre clair pour établir la responsabilité des personnes chargées des ressources de l'Église.

3. Renforcer le processus de planification afin que les ressources économiques soient allouées là où elles peuvent être utilisées le plus efficacement possible.

4. Mettre à disposition davantage de ressources économiques pour la mission de l'Église, grâce à une meilleure gestion économique et financière.

Les principes clés nécessaires à la mise en œuvre de ces objectifs sont les suivants :

1. Les politiques et les pratiques s'appliquent à tous les corps administratifs du Saint-Siège et devront être mises en œuvre au niveau local.

2. Les politiques et les pratiques seront, dans la mesure du possible, cohérentes avec les normes comptables internationales pertinentes et avec les pratiques bien établies en la matière.

3. Les bilans financiers et les budgets consolidés seront préparés conformément aux normes comptables internationales et incluront chaque organe répondant au niveau de contrôle.

4. Les bilans financiers consolidés seront examinés par l'un des quatre grands cabinets d'audit (EY, KPMG, PwC et Deloitte).

5. Le Secrétariat sollicitera l'avis des organes et leur fournira une formation, des conseils et un soutien pour la mise en œuvre des nouvelles politiques et pratiques ainsi que pour le processus de budgétisation.

## La mise en marche du chantier et la résistance au changement

Le travail a commencé avec beaucoup de vigueur, de professionnalisme et en réponse directe aux objectifs et aux principes fixés par le pape François pour les nouvelles dispositions économiques et administratives. Le cardinal a dirigé une équipe qui a travaillé sans relâche pour faire avancer les réformes.

L'une de ses premières tâches fut de superviser la sélection et les recommandations des nouveaux membres du conseil d'administration de l'Institut pour les œuvres de religion, également connu sous le nom de la Banque du Vatican. Le nouveau conseil d'administration, sous la direction d'un nouveau président, a permis d'améliorer considérablement les pratiques, y compris la conformité avec les réglementations de l'Union européenne et les « règles de la connaissance du client » (*Know Your Customer Protocol*).

Il y avait une certaine urgence à faire avancer les réformes dans l'ensemble du Vatican, car l'ampleur et la portée des défis financiers avaient été identifiées. Il s'agissait notamment d'une augmentation prévue des déficits d'exploitation qui épuisait les soldes de trésorerie, d'un déficit important dans le Fonds de pension du Vatican et d'un nombre extraordinaire d'investissements peu performants et d'actifs sous-utilisés.

Plutôt que de collaborer avec le cardinal, de nombreux responsables se sont montrés hostiles au changement et se sont mis sur la défensive. Ils ont développé une capacité extraordinaire pour défendre l'indéfendable et faire fi de l'impact sur le Saint-Siège qu'avait le maintien de pratiques inefficaces et opaques. Manifestement, ils n'ont eu que peu de considération pour le devoir de bon intendant qu'ils ont pourtant envers ceux qui leur confient des ressources.

Dans les six mois qui ont suivi le début des travaux, de nouvelles politiques de gestion financière fondées sur les normes comptables internationales pour le secteur public (International Public Sector Accounting Standards - IPSAS) en matière de bonnes pratiques et de transparence ont été promulguées par le Saint-Père. Ce fut une étape importante dans le processus de réforme.

Les déclarations IPSAS diffèrent bien des rapports des sociétés privées ou des entreprises internationales. Elles se concentrent plutôt sur les ressources existantes, la manière dont elles ont été utilisées et les coûts des différents programmes et initiatives. Utilisées par les gouvernements et les organismes du secteur public du monde entier, ces déclarations sont apparues afin d'améliorer les rapports des gouvernements du monde entier, un processus visant à renforcer la responsabilité et la transparence. Lorsqu'elles ont été introduites au Vatican, les gouvernements, agences et organisations qui avaient adopté les normes IPSAS ou qui prévoyaient de le faire comprenaient : l'Organisation des Nations unies, la Commission européenne, l'Organisation de coopération et de développement économiques, la Suisse, l'Espagne, le Conseil de l'Europe et la Commission du Commonwealth. En outre, les États-Unis et l'Australie ont des normes largement similaires aux IPSAS.

Pour favoriser l'adoption des normes IPSAS, le cardinal Pell a compris le besoin d'intégrer ces pratiques dans le quotidien. Il a présenté un ensemble de politiques et de pratiques de gestion financière du Vatican au Saint-Père qui a approuvé leur mise en œuvre, y compris l'établissement de nouvelles routines pour la budgétisation et la comptabilité, ainsi que des programmes de formation pour le personnel.

Le cardinal et son équipe ont également dressé une liste complète des organes du Vatican (comme l'exigent les normes comptables internationales) et ont cherché à recueillir toutes les informations sur les actifs et les passifs de chacun d'entre eux. Finalement, il s'est avéré que plus de deux milliards d'euros ne figuraient pas dans les livres de comptes.

Un nouveau processus de planification financière et budgétaire a été mis en place, comprenant la présentation d'un plan financier. Il s'agit pour chaque entité de présenter ses activités existantes et ses propositions d'activité, ses projections de recettes et de dépenses, ainsi que les investissements et autres ressources qu'elle contrôle et gère. De nouvelles procédures d'examen et d'approbation des actes d'administration extraordinaire ont été introduites, car nous cherchions non seulement à nous conformer aux standards, mais aussi à garantir l'intégration du principe des « quatre yeux ».

Ce travail a mis en évidence les défis profonds auxquels le Vatican se trouve confronté, en particulier ses flux de revenus et d'investissements à long terme, mais aussi plusieurs transactions importantes et troublantes.

La transparence est comme un antiseptique : lorsqu'on l'applique à une plaie, en particulier à une plaie profondément infectée, cela pique.

La résistance à la transparence, en particulier de la part du Secrétariat d'État et de l'administration du patrimoine du siège apostolique, fut souvent forte : les réformateurs firent face à de l'hostilité et à des menaces pour les intimider et faire échouer les progrès. Malheureusement, cette opposition s'est poursuivie pendant un certain temps et, comme cela a été exposé dans les procès en cours, elle s'est faite par des pratiques non seulement contraires à l'éthique, mais aussi (selon toute vraisemblance) illégales.

Le départ du cardinal Pell pour l'Australie afin de répondre à des accusations, qui ont finalement été rejetées par la plus haute juridiction australienne, ainsi que la révocation brutale de l'auditeur général, sont des événements importants qui ont ralenti l'élan et, sans doute, la volonté de poursuivre les réformes économiques. Le fait que ces deux événements aient été fêtés par certains a de quoi susciter de vives inquiétudes parmi les promoteurs des réformes économiques.

Près de dix ans après le début de ce travail de réforme, il convient de réfléchir à l'efficacité de ceux qui ont résisté aux réformes économiques.

1.  L'étendue du mandat du Secrétariat pour l'économie a été considérablement réduite par rapport à ce qu'avait prévu et établi le pape François en 2014. Le nombre d'entités soumises au régime financier et à ses rigueurs a été considérablement réduit. La dotation en personnel est encore bien inférieure à ce qui était prévu et ce qui est nécessaire.

2.  Si, en 2021, les déclarations incluaient un nombre accru d'organes, ce nombre est encore bien inférieur au total et au nombre d'organes qui relevaient auparavant de la compétence du Secrétariat pour l'économie et de l'auditeur général.

3.  L'audit externe a été annulé avec fracas par une partie qui n'était pas impliquée dans la nomination de l'auditeur.

4.  Les progrès réalisés par rapport aux standards des normes IPSAS et des politiques de gestion financière du Vatican, y compris l'évaluation des actifs, les principes de consolidation et bien d'autres choses, ne sont pas clairs.

5. Le principe des « quatre yeux » et les règles relatives aux transactions importantes semblent avoir été dévalués, en grande partie en raison de l'exclusion de nombreux organes assujettis et pour des raisons de commodité.

Il convient de se demander si la culture a réellement changé et si les affaires en cours devant le Tribunal du Vatican n'auraient jamais pu voir le jour, compte tenu des dispositions actuelles. Un cardinal de haut rang travaillant au Saint-Siège a récemment suggéré que tous les problèmes et l'embarras des procès actuels auraient pu être évités si le Saint-Siège ne s'était pas engagé sur la voie de la transparence. En d'autres termes, ce sont les réformes économiques et non les comportements fautifs qui sont à l'origine des problèmes !

## Les principes clés pour le futur travail de réforme économique

Près de dix ans après le début de ce travail de réforme, la résistance a réussi à ralentir les choses, mais elle n'a pas été en mesure de les faire reculer.

Certes, il y a eu quelques revers, mais il y a une plus grande visibilité sur les transactions importantes et les moyens pour détecter tout acte répréhensible ont énormément progressé.

Les principes clés ci-après devraient sous-tendre le travail de réforme et l'établissement des priorités dans les années à venir :

1. La réforme économique n'est pas une tâche facultative. Les dirigeants du Vatican doivent à tous ceux qu'ils servent de mettre en œuvre les meilleures pratiques en matière d'administration.

2. Le travail en ce sens est loin d'être terminé. En effet, des manquements inquiétants sont apparus sur des objectifs ; et des principes fondamentaux semblent avoir été mis de côté ou édulcorés.

3. Une fois que l'on a commencé, il n'y a pas de retour en arrière possible. Oublier les règles d'un ancien jeu est tout aussi difficile qu'apprendre les règles d'un nouveau jeu. Il s'agit d'un projet à long terme et, malgré les revers, le Vatican doit

maintenir le cap. Un nouvel engagement sur les objectifs et les principes énoncés en 2014 est nécessaire.

4. La transparence et les normes internationales constituent un standard de référence pour s'assurer que le Vatican et ses partenaires, y compris ses nombreux donateurs, sachent clairement dans quelle mesure les actifs sont bien administrés.

5. Grâce à une meilleure gestion des affaires économiques, le Vatican peut mieux s'occuper de ses missions, des pauvres et des personnes vulnérables. Une légère amélioration d'efficacité ou de rendement des investissements peut aboutir à une grande différence de moyens pour les bonnes œuvres qui peuvent alors être entreprises. C'est une façon très pratique de résoudre les problèmes financiers auxquels le Vatican est confronté.

6. L'Église n'est pas et ne sera jamais une entreprise, mais elle peut être une entreprise dans son administration - elle est d'ailleurs appelée à l'être !

Le cardinal Pell a déclaré lors d'une conférence de presse au début du processus de réforme économique que l'objectif des réformes économiques était d'être… « un succès ennuyeux... ».

Alors que les fidèles du monde entier prennent connaissance des scandales et de la mauvaise gestion qui sont en procès au Tribunal du Vatican, deux pensées viennent à l'esprit : il n'y a plus d'excuses et il est clair que nous avons encore du chemin à parcourir.

# La mort, le Requiem, et le courage du cardinal George Pell

*George Weigel*

« Au nom du ciel, asseyons-nous à terre,
Et disons la triste histoire de la mort des rois »
*Richard II*

Le cardinal George Pell, mort soudainement le 10 janvier 2023 d'un arrêt cardiaque à la suite d'une opération réussie de remplacement de la hanche, nierait fermement avoir été roi en quelque sorte, ou même un prince — bien que, de fait, il ait été un prince de l'Église, et dans le cœur d'un grand nombre de catholiques, il était le chef en titre d'un mouvement décidé d'orthodoxie catholique après la mort du pape émérite Benoît XVI. Bien que l'on imagine facilement aujourd'hui ses éclats de rire au milieu de la communion des saints, George Pell était une figure formidable du catholicisme contemporain, aussi extraordinaire que les rois dont Richard II déplorait la mort dans le style incomparable de Shakespeare. De quelle façon ? Je vais en décrire quelques-unes :

Pratiquement de lui-même, Pell a endigué l'hémorragie doctrinale et disciplinaire du catholicisme australien qui aurait probablement mené cette église locale à devenir une copie, en moins bien financé, du catholicisme apostat allemand.

Il fut l'architecte de la révision (et vaste amélioration) des traductions de langue anglaise des prières du rite romain, qui sont maintenant plus élégantes et pieuses, mais aussi plus fidèles au latin d'origine.

Il joua un rôle significatif dans l'élection qui vit le cardinal Joseph Ratzinger devenir pape Benedict XVI, et amena ensuite ce pape (avec qui il avait travaillé lorsque Ratzinger était préfet de la Congrégation pour la Doctrine de la Foi) à Sydney pour les

Journées mondiales de la jeunesse de 1993 — ce qui revient à dire qu'il transforma la Nouvelle Evangélisation d'un slogan en une vaste stratégie ecclésiale avec des effets pastoraux concrets sur le terrain.

Il fut l'opposant le plus visible de la dictature du relativisme woke dans la vie publique australienne, un opposant vigoureux de ce que Jean-Paul II appelait la « culture de la mort » et de son engouement pour l'avortement et l'euthanasie, un critique intelligent des « nouveaux athéistes » comme Richard Dawkins, et le cauchemar des prophètes du changement climatique anthropocentrique et catastrophique comme Bill McKibben.

Il joua un rôle central dans la mise en cause de la façon dont le personnel du Synode des évêques tenta de manipuler la session de 2014 — ainsi que le synode de 2015.

Il inspira une génération de jeunes prêtres et évêques australiens pour qu'ils deviennent les bons pasteurs qu'ils étaient destinés à être, armant leurs troupeaux contre la toxicité de la déconstruction postmoderne de l'humain et poussant tous les baptisés à devenir des acteurs de la construction d'une culture de la vie grâce au pouvoir de l'Evangile.

Il vécut la vie du bon pasteur qu'il demandait aux autres de vivre, invitant une fois 30 personnes sans domicile fixe à partager son thé du matin dans sa résidence archiépiscopale, et sortant dans les rues pour manger avec les sans-abris une fois par mois — et cela sans se faire accompagner d'une équipe de télévision.

Il disait la vérité face au pouvoir des médias et considérait avec dédain les calomnies brutales auxquelles il était soumis par la plupart de la presse australienne, y compris l'*Australian Broadcasting Corporation* qui est financée par le gouvernement. Et quand il avait l'opportunité rare de faire valoir ses propres arguments, il rendait coup pour coup, avec force mais aussi une bonne humeur qui manquait singulièrement à ses adversaires souvent furieux.

Après avoir été appelé à Rome par le Pape François, le Cardinal Pell y fit des progrès contre la corruption financière du Saint-Siège, il s'attachât à réformer en profondeur la banque du Vatican, et identifia des réformes supplémentaires nécessaires pour assurer la probité et la solvabilité du Vatican — jusqu'à ce que disparaisse le support de la plus haute autorité sur lequel il comptait.

Il affronta la manipulation vicieuse et malfaisante du système de justice pénale de l'état australien de Victoria, ce qui lui coûta 404 jours de prison en cellule d'isolement avant son acquittement triomphal des charges invraisemblables d'« abus sexuel historique » par la Haute Cour d'Australie (qui dit, en substance, que le jury de première instance qui l'avait condamné et la majorité de la commission d'appel qui avait confirmé la condamnation, avaient agi de façon irrationnelle). En gagnant son procès, et malgré d'énormes souffrances, George Pell a aidé à sauvegarder ce qui reste de la primauté du droit dans le pays qu'il chérissait - et a laissé derrière lui trois volumes de journaux de prison qui sont devenus un classique spirituel contemporain, apportant du réconfort aux gens du monde entier.

## Le requiem romain

Après une journée de visite dans la petite église de Saint-Etienne-des-Abyssins derrière Saint Pierre, ou ses amis pouvaient venir se recueillir auprès de son cercueil et l'asperger d'eau bénite (une coutume italienne charmante), la messe de requiem du cardinal Pell fut célébrée le 14 janvier 2023, dans l'abside de la basilique vaticane sous le colossal chef-d'œuvre en bronze de Gianlorenzo Bernini, l'Autel de la chaire. Les liturgies non papales, y compris les requiem de cardinaux, sont toujours célébrées dans ce vaste espace. Mais ceux qui ont l'habitude de ces évènements disent que la congrégation qui s'est réunie pour dire adieu à George Pell, et pour supplier le Père de la miséricorde d'amener son serviteur vers l'étreinte de la Trinité, était la plus nombreuse qu'ils aient jamais vue. Peu avant que la messe ne commence, les *Sanpietrini*, la main d'œuvre de la basilique, installaient hâtivement des chaises derrière les bancs d'église dans la vaste abside, les bancs s'étant rapidement remplis. Ainsi la foule a occupé l'espace entre l'Autel de la chaire et une autre œuvre triomphale de Bernini, le *Baldacchino* sur le maître-autel papal sous le grand dôme de la basilique. Comme l'a remarqué l'un des collaborateurs de longue date du cardinal, quand les gens arrivent du monde entier toutes affaires cessantes, le message est clair.

La messe de requiem fut célébrée par le cardinal Giovanni Batista Re, le Doyen du Collège cardinalice, avec des douzaines de cardinaux et évêques concélébrant ainsi que d'autres présent « en chœur ». Les deux opposants les plus réfractaires aux réformes financières de Pell étaient parmi le concélébrants, le cardinal Domenico Calcagno et le cardinal Giovanni Angelo Becciu (dont les virements de fonds vers l'Australie durant le purgatoire judiciaire de Pell n'ont jamais été vraiment expliqués, et qui a produit une déclaration désinvolte et calculée à la mort de Pell.) Et puis on avait également le cardinal Michael Czerny, SJ, dont Pell, l'universitaire avec un doctorat d'Oxford, avait lu la thèse de doctorat, « Feuerbach l'enseignant et Marx le prophète : une introduction à la religion, » et l'avait trouvée affligeante. Plus précisément, les concélébrants incluaient de nombreux hommes qui avaient de l'estime pour George Pell, y compris le vicaire de Rome en retraite, le cardinal Camillo Ruini ; les cardinaux américains Raymond Burke, James Harvey, et Edwin O'Brien ; et le nonagénaire nigérien Francis Arinze. Le seul célébrant non-épiscopal était le dernier prêtre secrétaire de Pell en date, le père Joseph Hamilton.

L'homélie du cardinal Re offrit du cardinal défunt l'image d'un « homme de dieu, et un homme de l'Église » qui avait la caractéristique d'avoir une foi profonde et une grande fermeté quant à la doctrine qu'il défendait sans hésitation et avec courage, et dont le seul souci était la fidélité au Christ. » Et même si cela semblait être le standard ecclésiastique, ce n'était pas le cas. Cela me parut très sincère parce que Pell et Re se respectaient mutuellement et avaient travaillé ensemble à plusieurs reprises pour contrecarrer des décisions de l'administration papale actuelle dont ils pensaient qu'elles auraient pu être catastrophiques. L'évangile choisie pour le requiem était également appropriée considérant les circonstances de la mort du cardinal, puisque Luc 12 présente le Seigneur louant ces « serviteurs que le maître, à son arrivée, trouvera veillant ! » Le cardinal Dean lui aussi remarqua que George Pell était un

« protagoniste volontaire et décisif » remarquable pour son « fort caractère. » Le cardinal Re aurait pu ajouter que contrairement à ses adversaires journalistiques, politiques et ecclésiastes, Pell se battait durement mais toujours loyalement.

Comme c'est généralement le cas dans ces circonstances, le pape célébra la dernière partie de la liturgie, l'oraison du dernier adieu, après avoir été amené dans sa chaise roulante dans l'abside de la basilique, et ensuite mis dans une chaise portable. D'apparence frêle, le pape François néanmoins recommanda le défunt à la miséricorde de Dieu et, après avoir quitté l'abside dans sa chaise roulante, s'arrêta un moment auprès du frère du cardinal Pell, David, qui dit au pape François que son frère était son ami. Le pape donna une petite tape sur l'épaule de David Pell.

La seule indignité de la messe de requiem pris place à la fin de la cérémonie, lorsque six *Sanpietrini* se tenant debout autour du cercueil, apparemment ne savaient pas ce qu'ils devaient faire ensuite. Des renforcements arrivèrent et le lourd cercueil qui contenait la dépouille mortelle du cardinal George Pell, un homme large à tous égards, quitta St. Pierre sous les applaudissements spontanés et soutenus de la congrégation qui rendit ainsi son propre jugement sur cette grande vie

### Les derniers testaments, pour ainsi dire

Alors qu'il prêchait aux funérailles de son ami et mentor, le dirigeant syndical australien farouchement anticommuniste et résolument catholique, B.A. Santamaria, Pell, alors archevêque de Melbourne, dit, « On nous a dit que la marque certaine d'un faux prophète est que tout le monde en dit du bien. Dans la mort comme dans la vie, Bob Santamaria a triomphalement échappé à un tel sort. » On pourrait en dire autant de George Pell. Et les calomnies anti-Pell se multiplièrent alors que les promoteurs d'un « catholicisme allégé » sont maintenant aux prises avec deux documents qui resterons à juste titre ou pas, le testament final du cardinal.

Le premier est un article paru dans le *Spectator* de Londres le jour d'après la mort du cardinal, une critique féroce du document de travail pour le Synode sur la synodalité.

Le langage de l'analyse de Pell était impitoyable : le processus du Synode s'est transformé en « cauchemar toxique » dans lequel les évêques, qui sont normalement les protagonistes dans un synode *d'évêques*, se trouvèrent mis à l'écart ; et de surcroit le document de travail pour la phase continentale du Synode est une « effusion de bienveillance New Age » qui est « clairement hostile à la tradition apostolique et qui ne reconnait aucunement le Nouveau Testament en tant que parole de Dieu, normative en matière de foi et de morale ». Le cardinal était également très préoccupé par le fait que le rapporteur général du Synode d'octobre 2023 devait être le cardinal Jean-Claude Hollerich, SJ du Luxembourg, qui a « rejeté publiquement les enseignements de base de l'Église sur la sexualité sous prétexte qu'ils sont en opposition avec la science moderne ; » « en temps normal, » dit Pell, « cela signifierait qu'il aurait été inapproprié et de fait impossible qu'il continue en tant que rapporteur. »

Contrairement à ses caricatures, George Pell n'était pas autoritariste (ce qui n'est pas le cas pour certains de ceux qui dirigent le processus du Synode). Dans son article du *Spectator*, il reconnait volontiers « les travers des évêques qui parfois n'écoutent pas … et peuvent être cléricalistes et individualistes. » Mais le Christ demande que son Église soit gouvernée par des évêques qui, comme Pell l'écrit, furent « depuis l'époque de St. Irénée de Lyon … les garants de la fidélité continue à l'enseignement du Christ, la tradition apostolique. » Et c'est là la question fondamentale de toute la discussion, souvent stagnante, de la « synodalité » dans l'église contemporaine, que ces discussions impliquent le « Chemin synodal » de l'église allemande ou ce Synode sur la synodalité dans ses diverses phases : Est-ce que la révélation divine est réelle, est-ce qu'elle fait autorité et doit être observée de tout temps, ou bien notre expérience contemporaine nous autorise-t-elle à modifier, à ajuster ou même à nous dispenser de ce qui nous vient de la Bible et de la tradition apostolique?

Le deuxième de ces « derniers testaments » est en fait un document antérieur, une critique en profondeur du pontificat actuel, publié tout d'abord en mars dernier sur le blog *Settimo Cielo* de Sandro Magister un vaticaniste de longue date, et dont l'auteur était identifié par le pseudonyme « Demos ». Le lendemain de la mort du cardinal Pell, Magister a dit sur son blog que « Demos » était en fait George Pell. Si j'en juge d'après le texte d'une part et ma conversation avec le cardinal d'autre part, il me semble probable que le document soit le résultat de conversations entre un grand nombre de membres du collège des cardinaux, conversations pour lesquelles il a rédigé la version finale.

Le manifeste de « Demos » est moins polémique que l'article du *Spectator* et présente les faits à l'encontre de la direction actuelle de la politique et de l'action pontificale dans plusieurs catégories : Théologique/doctrinale, légale et administrative. Le manifeste mérite une lecture plus attentive, et l'on n'en mentionnera que quelques éléments de synthèse ici.

L'administration pontificale actuelle ne semble pas comprendre la nature du ministère pétrinien dans l'Église. Il est acceptable que ce pape, ou tout autre pape, encourage la jeunesse à « semer la pagaille » en essayant de trouver de nouvelles voies pour apporter le Christ aux autres et pour servir les marginalisés. Mais la papauté n'est pas là pour semer le désordre. Comme « Demos » le dit, « Auparavant, on disait : « *Roma locuta. Causa finita est.* » (Rome a parlé. L'affaire est terminée). Aujourd'hui, on dit : « *Roma loquitur. Confusio augetur.* » (Rome parle. La confusion augmente).

Il existe un déficit christocentrique marqué dans l'enseignement de l'Église aujourd'hui. On le constate de plusieurs façons, y compris les « attaques systématiques » contre « l'héritage christocentrique de saint Jean-Paul II » et le démantèlement de l'Institut Jean-Paul II sur le mariage et la famille à l'université du Latran (maintenant privée d'étudiants), et les attaques contre l'enseignement de Jean-Paul II dans *Veritatis Splendor* au sein de plusieurs centres universitaires romains et à l'Académie pontificale pour la vie.

Le non-respect des lois, plus que la justice, caractérise les pratiques administrative et judiciaires du Vatican. « Demos » critique également le fait que le cardinal Becciu « a été démis de ses fonctions » et a perdu la plupart de ses privilèges « sans aucune

forme de procès » et « il n'a pas eu droit à un procès équitable. »
On pourrait en dire autant de la façon dont le pontificat a traité
l'archevêque de Paris et l'évêque d'Arecibo à Porto Rico. On sait
que durant ce pontificat des actions illégales, comme des écoutes
électroniques et saisies de biens sont commises au Vatican.

L'utilisation régulière de *motu proprio* comme instrument de
gouvernance papale peut se comparer au recours excessif à des
décrets exécutifs présidentiels aux Etats-Unis et trahit une certaine
approche autocratique en matière de gouvernance.

Les finances du Vatican sont toujours très problématiques, aussi
bien pour le processus financier au sein du Saint-Siège, qu'en ce
qui concerne la politique et pratique d'investissement, et un vaste
passif de retraite non financé.

L'autorité morale du Saint-Siège dans les affaires du monde est au
plus bas, grâce à la politique chinoise du Vatican et à son approche
comparable pour d'autres régimes autoritaires, dans laquelle le
« dialogue » a pris la place d'un témoignage moral clair et la défense
robuste des chrétiens persécutés.

Le document de « Demos » conclut ensuite en énonçant ce qui
sera exigé du prochain conclave afin d'élire un pape.

Les gens sérieux dans l'église se concentreront sur la question de
savoir si ces textes décrivent avec précision la situation catholique
actuelle. Que les critiques en démontrent le contraire.

## « N'ayez pas peur »

La mort de Benoît XVI était une tristesse, mais le chagrin était
supportable parce qu'on s'attendait à son décès depuis des années.
La mort de George Pell fut un choc énorme pour ceux qui
comptaient sur lui pour les guider dans les circonstances actuelles
de l'Église. Ses amis se sentent orphelins de cette source de sagesse,
de force sans oublier de joie, car le cardinal Pell était également
extrêmement amusant. Et puis il faut bien le dire, le cardinal qui
plus que tout autre donnait de la rectitude à ses confrères cardinaux
nous a été retiré, alors que nous dit notre Seigneur ? On pourrait
peut-être suggérer que le message qu'Il nous envoie est le suivant : il

est temps que d'autres membres du Collège des cardinaux montent au créneau et exhibent le courage et la force morale qui étaient l'emblème du service de George Pell à l'Église.

Lorsqu'il fut nommé évêque, Pell choisit pour devise épiscopale la phrase si connue de Jean Paul II, sa signature en quelque sorte depuis l'homélie de sa messe inaugurale du 22 octobre 1978 : *N'ayez pas peur*. Vivant cette injonction dans sa propre vie, George Pell aida tellement d'autres à vivre, non seulement sans peur, mais au-delà de la peur : à faire face à nos difficultés avec la certitude du Christ triomphant contre le péché et la mort, et le Christ qui, ultimement, a la responsabilité de l'Église. Notre tâche est de conformer nos vies, notre enseignement et actions, à ces réalités fondamentales de la vie chrétienne.

C'est à vrai dire un moment effrayant dans l'Église catholique en général ainsi qu'au Vatican, un temps, sous le pape François, où la peur domine l'atmosphère. Le cardinal George Pell, l'incarnation de l'intrépidité catholique, ayant rejoint le repos éternel, ceux d'entre nous qui l'aimaient et qui ont eu la chance de collaborer avec lui doivent maintenant vivre eux-aussi cette bravoure et y appeler les autres — en particulier ceux qui sont chargés de choisir la future direction pontificale de l'Église.

# Le droit de recevoir le secret de la vie et de la mort

*Cardinal George Pell*

Nous, croyants, connaissons bien les bénédictions que nous avons reçues en Jésus-Christ. Nous savons que « le peuple qui marchait dans les ténèbres a vu se lever une grande lumière et sur les habitants du pays de l'ombre, une lumière a resplendi » (Isaïe 9:1).

Nous connaissons l'appel de Jésus, à travers Jean le Baptiste, pour la conversion « Convertissez-vous car le Royaume des Cieux est proche » (Mt 4:17), mais nous, catholiques plus âgés, ou plutôt adultes, nous sommes aussi bénis car nous avons vécu, en près de 40 ans, à l'époque de Jean-Paul II et de Benoît XVI.

Ces années ont joué un rôle essentiel dans toute l'histoire : la papauté de Jean-Paul II, l'un des plus grands papes de l'histoire de l'Église, non seulement pour son rôle dans la chute du communisme mais aussi pour tout le monde occidental car, après le Concile Vatican II, les églises en Hollande et en Belgique se sont radicalement effondrées — avec le risque que cet effondrement puisse même être encore plus important.

Je crois que Jean-Paul II a, en quelque sorte, stabilisé l'Église dans le monde occidental.

Pour toutes ces raisons, ces jours-ci, nous ne célébrons pas la fin d'une époque mais nous célébrons la contribution de ces deux grands papes. Nous croyons que cette tradition doit continuer dans l'Église de demain. Non pas que ce soit la seule condition — cela ne doit pas être un monopole — en effet, il y a bien d'autres bonnes conditions. Cependant, celle-ci a apporté une contribution particulière à toute l'Église et, surtout, aux jeunes. De nombreux jeunes, en effet, suivaient le pape Jean-Paul II et le pape Benoît XVI.

Quels sont les éléments de cet héritage de Wojtyła et Ratzinger ?

1. Ils étaient de vrais chrétiens.

Ils avaient compris que le secret de la vie et de la mort sont présents dans la vie et l'enseignement de Jésus-Christ. Ils étaient des missionnaires de la vérité. Nous ne construisons pas la vérité. Nous n'avons pas la capacité de changer la vérité. Nous pouvons seulement reconnaître la vérité et, parfois, la vérité n'est pas si belle que ça. Parfois, la vérité est déconcertante, difficile.

Ces deux papes n'affirmaient pas que l'enseignement de Jésus était conditionné par l'époque, par l'Empire romain, par les païens. Ils ne prétendaient pas que l'enseignement essentiel et central devait être mis à jour, changé radicalement. Ils ne disaient pas : « Nous ne savons pas ce que Jésus a dit car il n'y avait pas d'enregistreurs ». Ils acceptaient l'enseignement de Jésus tel qu'il nous est parvenu. Pour eux comme pour nous, Jésus reste le chemin, la vérité et la vie.

2. Ils étaient optimistes.

Ils croyaient que la communauté des chrétiens et l'enseignement de Jésus étaient d'une grande aide pour bien vivre. Jésus n'est pas venu parmi nous pour nous faire souffrir, ils croyaient seulement dans la vertu chrétienne de l'espérance.

L'écrivain anglais G.K. Chesterton écrit : « La vertu de l'espérance est possible uniquement quand il n'y a pas d'espérance humaine ». Ces deux papes ne croyaient pas cela ; car le monde est meilleur, au contraire, quand nous suivons l'enseignement de Jésus.

Les familles restent ensemble, elles sont plus heureuses, les communautés sont plus sages, elles suivent la loi. De plus, dans un monde chrétien, les familles sont stables, les jeunes sont moins fragiles, ils sont plus forts spirituellement et psychologiquement.

En tant que chrétiens, nous avons quelque chose de bon à offrir au monde : la croix n'est pas trop lourde.

Nous, chrétiens, savons que nous devons nous aimer les uns les autres, nous devons suivre les préceptes que Jésus a donnés.

« Celui qui garde ses commandements demeure en Dieu et Dieu en lui » (1 Jean 3:23).

Il y avait un philosophe anglais athée qui a affirmé que les Dix

Commandements sont comme un examen final, il suffit de réussir à bien en vivre six sur dix. Alors que non, nous devons chercher à les suivre tous !

Nous savons que notre vie est une lutte contre l'égoïsme. Ces deux Papes ont vécu pendant la Seconde Guerre mondiale — Wojtyła a vécu le communisme — et ils comprenaient l'importance de la lutte contre notre égoïsme. Ils savaient distinguer l'esprit de la vérité et l'esprit de l'erreur.

3. Ils comprenaient l'importance des sacrements et particulièrement de l'Eucharistie.

L'Eucharistie n'est pas seulement une célébration horizontale, mais c'est un acte de prière, d'adoration. Comme ce matin, lorsque nous avons commencé la prière en mettant Dieu au centre. Ce doit être ainsi car Dieu est transcendant, extérieur à toute notre expérience, extérieur à notre monde. La dimension verticale de la religion est essentielle.

4. Ils comprenaient le rôle du successeur de Pierre dans la vie de l'Église catholique.

Nous, catholiques, devons nous rappeler que l'unité universelle de l'Église n'est pas chose acquise ou facile. C'est un don très précieux que nous devons veiller à conserver pour ne pas l'abîmer.

Les communautés charismatiques doivent comprendre la nécessité de maintenir l'unité.

L'enseignement pour tout homme, nous le trouvons écrit dans le chapitre 16 selon St. Mathieu et selon St. Jean 2: Pierre est « l'homme de roc », fondement de l'église. Son devoir est de protéger et de défendre la doctrine apostolique.

Ces deux Papes ont bien compris que nous ne sommes pas les maitres de la doctrine apostolique ; nous en sommes les défenseurs. Nous servons et respectons cette précieuse règle de la foi.

Tous les catholiques, de tout âge, dans le monde entier, ont aussi le droit de recevoir le même enseignement que Jésus et les apôtres donnèrent dans les premiers temps du Christianisme. C'est cela la doctrine catholique.

Ces deux Papes étaient tous deux des hommes courageux, mais en même temps prudents : il y a un temps pour parler et un temps pour se taire, mais le courage est toujours essentiel.

On pourrait penser que, dans le futur, il pourra y avoir des papes d'Asie ou d'Afrique. Nous avons aujourd'hui un pape d'Amérique du Sud : « *bravo e buono* ».

Ces deux papes étaient, au contraire, européens — des exemples d'hommes profondément connaisseurs de la grande culture du monde occidental. Ils connaissaient bien la théologie et la philosophie de l'Église et ils avaient de grandes capacités à dialoguer avec les athées les plus admirables du monde d'aujourd'hui. Cela est important et utile.

Ils avaient tous deux compris l'importance pour nous tous dans l'Église d'aider ceux qui souffrent, les malades, ceux qui sont tourmentés, possédés, épileptiques, paralysés, les boiteux physiquement et spirituellement — c'est le devoir de l'Église : *Caritas in Veritate*.

Remercions Dieu pour ces deux papes et prions pour que leur héritage puisse continuer dans le futur.

**Cardinal George Pell a prononcé cette homélie le 7 janvier 2023 en italien devant la Communauté charismatique Magnificat Dominium à San Giovanni Rotondo en Italie. Ce fut sa dernière homélie publique.**

# Biographies

Danny Casey served as Chief Operating Officer of 2008's World Youth Day, Business Manager to the Archdiocese of Sydney, and Director of the Vatican's Secretariat for the Economy.

Danny Casey è stato direttore operativo della Giornata mondiale della gioventù del 2008, direttore finanziario dell'Arcidiocesi di Sydney e direttore della Segreteria per l'Economia del Vaticano.

Danny Casey fue Director de Operaciones de la Jornada Mundial de la Juventud del año 2008, Director de Negocios de la Archidiócesis de Sídney y Director de la Secretaría de Economía del Vaticano.

Danny Casey a été directeur des opérations pour les Journées mondiales de la jeunesse de 2008, directeur des affaires de l'archidiocèse de Sydney et directeur du Secrétariat pour l'économie du Vatican.

Oswald Cardinal Gracias is Archbishop of Mumbai, India. He is a member of the Council of Cardinals and the Dicastery for Legislative Texts.

Il cardinale Oswald Gracias è arcivescovo di Mumbai, in India. È membro del Consiglio dei Cardinali e del Dicastero per i Testi Legislativi.

El cardenal Oswald Gracias es arzobispo de Mumbai, India. Es miembro del consejo de cardenales y del Dicasterio para los Textos Legislativos

Le cardinal Oswald Gracias est archevêque de Mumbai, en Inde. Il est membre du Conseil des cardinaux et du Dicastère pour les textes législatifs.

Rev. Robert A. Sirico, author of *The Economics of the Parables and of Defending the Free Market: The Moral Case for a Free Economy*, is co-founder and president emeritus of the Acton Institute for the Study of Religion and Liberty.

Don Robert A. Sirico, autore di *L'economia delle parabole e di A difesa del mercato. Le ragioni morali della libertà economica*, è cofondatore e presidente emerito dell'Acton Institute per lo studio della religione e della libertà.

El sacerdote Robert A. Sirico, es autor de *The Economics of the Parables* y de *Defending the Free Market: The Moral Case for a Free Economy*, es cofundador y presidente emérito del Acton Institute para el estudio de la religión y la libertad.

L'Abbé Robert A. Sirico est l'auteur de « *The Economics of the Parables* » (« *Les aspects économiques des paraboles* », non traduit en français) et de « *Defending the Free Market: The Moral Case for a Free Economy* » (« *Catholique et libéral : Les raisons morales d'une économie libre* », Salvator, 2018). Il est également cofondateur et président émérite de l'Institut Acton pour l'étude de la religion et de la liberté.

George Weigel, Distinguished Senior Fellow of the Ethics and Public Policy Center, is a Catholic theologian and one of America's leading public intellectuals. He is perhaps best known for his widely translated and internationally acclaimed two-volume biography of Pope St. John Paul II: the *New York Times* bestseller, *Witness to Hope* (1999), and its sequel, *The End and the Beginning* (2010).

George Weigel, teologo cattolico e uno dei principali intellettuali pubblici americani, Weigel è noto soprattutto per la sua biografia in due volumi di Papa Giovanni Paolo II, ampiamente tradotta e acclamata a livello internazionale: il bestseller del *New York Times*, *Witness to Hope*, 1999 (*Testimone della speranza*, 2001), e il suo seguito, *The End and the Beginning*, 2010 (*La fine e l'inizio*, 2012).

George Weigel, Distinguido Senior Fellow del Ethics and Public Policy Center (EPPC), es un teólogo católico y uno de los principales intelectuales públicos de los Estados Unidos. El Sr. Weigel es quizás más conocido por su biografía en dos volúmenes del Papa San Juan Pablo II, ampliamente traducida y aclamada internacionalmente: el bestseller del *New York Times, Witness to Hope*, 1999, y su secuela, *The End and the Beginning*, 2010.

George Weigel, théologien catholique et l'un des principaux intellectuels américains. George Weigel est surtout connu pour sa biographie en deux volumes du pape Jean-Paul II, largement traduite et acclamée dans le monde entier: le best-seller du *New York Times, Witness to Hope*, 1999 (*Témoin de l'espérance*, 1999), et sa suite, *The End and the Beginning*, 2010).